중년의 위기를 맞은 로미오와 줄리엣

ROMEO UND JULIA IN DER MIDLIFE-CRISIS
by Brigitte Hieronimus

Copyright ⓒ 2003, Kreuz Verlag GmbH & Co. KG, Stuttgart,
part of Verlagsgruppe Dornier
First published as ROMEO UND JULIA IN DER MIDLIFE-CRISIS in Germany in 2003
by Kreuz Verlag GmbH & Co. KG, 70565 Stuttgart, part of Verlagsgruppe Dornier
All rights reserved
Korean Translation Copyright ⓒ 2004 by Thoughts of a Tree Publishing Co.
Korean Translation rights arranged with Kreuz Verlag GmbH & Co. KG
through Eric Yang Agency, Seoul Korea.

이 책의 한국어판 저작권은 에릭양 에이전시를 통한
Kreuz Verlag GmbH & Co. KG사와의 독점 계약으로
도서출판 나무생각이 소유합니다.
저작권법에 의하여 한국 내에서 보호를 받는 저작물이므로
무단 전재와 복제를 금합니다.

중년의 위기를 맞은
로미오와 줄리엣

브리기테 히로니무스 지음 | 유영미 옮김

나무생각

| 지은이의 말 |

갱년기를 맞은 로미오와 줄리엣

　제약회사에서는 갱년기가 무슨 병이라도 되는 것처럼 이야기한다. 하지만 그렇지 않다. 갱년기는 우리 몸이 이제 퇴물이 되었음을 판결받는 시기가 아니라 정신적으로 새로 태어나는 시기다. 이제껏 익숙했던 닳아빠진 시절이 끝나고, 새로운 시절이 도래하는 시기가 갱년기다. 새로운 시기로 옮아가려면 전복과 변화를 겪어야 한다. 그러므로 이 시기의 중요한 과제는, 자신의 삶에 자신의 도장을 꾹 눌러 찍는 것이다.
　중년이 되면 죽음은 한층 더 가까이 다가오고 《로미오와 줄리엣》에서처럼 나이팅게일이 노래한다. 종달새가 젊을 때의 사랑을 상징한다면, 나이팅게일은 성숙한 사랑을 의미한다. 나이팅게일은 밤 —인생의 후반기— 에 노래하니까 말이다. 인생의 후반기에 부부는 서로를 위해 시간을 낼 수 있다. 그리고 부부가 서로 반목하는 대신 힘을 합해 갱년기를 지혜롭게 겪어내는 것이 중요하다.

이 책에서 나는 사랑과 배반에 대해, 우정과 적대 관계에 대해, 투쟁과 노력에 관해, 붙듦과 놓아줌에 대해, 인생이 어디로부터 와서 어디로 가는지에 관한 영원한 질문에 대해 살펴볼 것이다.

부디 여러분이 갱년기를 내부로부터 새롭게 변화되는 시기로 활용할 수 있었으면 하는 바람이다. 여러분은 이렇게 질문할지도 모른다.

"우리 평범한 사람들과 로미오와 줄리엣이 무슨 공통점이 있다는 거지요? 갱년기가 로미오와 줄리엣과 무슨 상관이에요? 대체 이 책이 말하고자 하는 바가 무엇인가요?"

이 책은 이제껏 터부시되어온 영역에 빛을 비추고자 한다. 부부 관계는 중년에 많은 변화를 겪는다. 그러나 우리는 아직도 이런 시기에 대해 너무 모르고 있다. 나는 이런 암울한 시기를 조명해보고 싶다. 내 이야기로써 말이다.

남편과 나는 로미오와 줄리엣처럼 시작했다. 우리는 불멸의 연인 같았다! 젊디젊었던 우리는 서로를 과히 탐탁하지 않게 생각하는 양가 부모님의 축복 속에 결혼을 했다. 친구들은 오랫동안 우리 부부를 환상적인 커플로 여겼고, 우리의 사랑은 끝이 없을 것처럼 보였다. 물론 우리는 셰익스피어의 《로미오와 줄리엣》처럼 자살로 끝을 맺지는 않았다. 그러나 우리는 갱년기를 맞았다. 그것은 형태만 달랐지 죽음이나 마찬가지였다!

　그 전에 우리는 아이를 낳고 커리어를 쌓았으며 2년에 한 번쯤 시시콜콜한 문제로 위기를 겪어왔다. 하지만 우리는 대부분의 문제들을 잘 극복해냈고, 이런저런 암초에 부딪치더라도 다 잘 해낼 수 있다고 굳게 확신했다. '갱년기' 같은 것에 대해서는 안중에도 없었던 것이다.

　그러던 어느 날 월경이 끊겼다. 그것은 유일하게 눈에 보이는 갱년기 증상이었다. 내 주변의 어느 누구도 나의 상태가 어떤지 알지 못했다. 나의 '로미오'도 말이다. 그때까지 우리의 결혼은 그냥 그렇게 흘러왔고, 나는 갑자기 마흔을 넘어 40대

중반이 되어 있었다. 아무 준비도 안 된 채로…….

줄리엣처럼 나 역시 시간을 붙잡고 싶었다. 사랑 또한 영원하기를 바랐다. 그러나 삶은 전혀 다른 방향으로 흘러갔다. 젊은 연인에서 균형 있고 성숙한 커플로 변신하기 위해 우린 아픔을 겪어야 했다. 그리고 이제 그 시간이 도래했다.

12월의 어느 잠 못 이루던 밤 나는 우리 부부를 모델로 '갱년기를 맞은 부부'에 관한 책을 써야겠다는 생각을 했다. 내 주변에는 결혼의 위기를 겪고 있는 사람들이 많았다. 모두들 벽이 무너져 내리지 않도록 벽에 회를 칠하느라 야단법석이었으며 요란스럽게 부부 관계를 리모델링하고 있었다. 내게 조언을 구하는 사람들이 많았다. 하지만 나는 뾰족한 답을 말해줄 수가 없었다. 각 부부의 상황과 형편이 너무나도 다양하다는 사실을 도외시한 채 갱년기에 겪는 과정을 도식적으로 보여줄 수는 없는 노릇이었기 때문이다.

그래서 나는 내 일기를 모아놓은 상자를 열었다. 그리고 지난 세월에 빠져들어 며칠 밤 동안 일기를 독파했다. 그러고는 갱년기에 대해 글을 쓰기로 결심했다.

'중년의 위기'에 휘둘린 나의 로미오는 20년이 넘는 결혼생활 끝에 찾아온 나의 변덕을 견뎌내지 못했다. 나를 더 이상 사랑할 능력이 없는 여자로 판단한 로미오는 이제 다른 여자에게서 도피처를 찾고자 했다. 로미오의 이런 도피행각에도 처음에 난 별다른 충격을 받지 않았다. 최소한 겉으로는 큰 충격을 받지 않은 것처럼 보였다. 나는 뭔가 바꾸기 위해 나 자신을 살피며 나의 어린 시절을 돌아다보았고, 우리 결혼생활의 함정을 인식했고, 다시 로미오에게 집중하기 위해 불사조처럼 일어나고자 했다. 그러나 나의 로미오는 그럴 준비가 되어 있지 않았다.

그후 서로 부대꼈던 시간은 나의 결혼생활에서 가장 혹독했던 시간들이었다. 그러나 그로써 전환점은 점점 더 가까워졌고, 화해의 토대가 놓였다.

겁 없이 낯설디낯선 남성의 갱년기로 빠져든 로미오는 더욱 애정을 갈구했다. 그러나 나는 내게만 관심이 있었고, 사회적으로 성공하고자 했으며, 인생의 진정한 의미를 찾는 중이었다. 그렇게 한동안 나는 남편의 필요에 대해 전혀 알지 못했던 것이다.

그러나 이렇게 시작된 위기는 기회가 되었다. 그리고 그 과정에서 오랫동안 함께해온 부부라고 해서 무미건조할 필요는 없다는 것을, 중년의 부부라고 해서 모두 우울의 수렁 속에 빠지라는 법은 없다는 것을 알게 되었다. 이상적인 결혼 관념에 눌려 고통당하거나, 의미 없고 무감각하게 하루하루를 보낼 필요가 없다는 것을 말이다.

이 책은 부부가 힘을 합쳐 더 높은 단계로 나아가고자 하는 사람들에게 방향을 설정해주고 변화의 길을 보여줄 것이며, 무엇보다 이해심 많은 동반자가 되어줄 것이다. 정말이지 때로는 아주 어지러울 정도인 급격한 변혁의 시기에 말이다.

| 차례 |

지은이의 말 갱년기를 맞은 로미오와 줄리엣 …… 4

프롤로그 ……………………………………… 14

1부 모순과 조화 사이에서

여름의 댄스 ……………………………… 36
가을의 탱고 ……………………………… 41
겨울의 재즈 ……………………………… 48
실베스터 축제 …………………………… 55
새해 맞이 ………………………………… 58
크리스마스 트럼펫 ……………………… 60

2부 전복기

나는 할 수 있어! ································· 66

알 수 없는 깊은 슬픔 ························ 72

혼돈 ······································· 77

나는 원한다! ································· 81

새로운 시작의 길 ····························· 86

낯선 멜로디 ································· 90

동경 ······································· 96

나는 해야 한다! ······························ 99

나를 찾아서 ································ 102

내가 정말로 원하는 건 ······················· 108

싱글이 되는 건 쉽지 않은 일 ················· 118

황금빛 잎들 — 피부에 와닿는 가을 냄새 ········ 125

위로해줄 사람 아무도 없네 ················ 142

대리석, 돌, 그리고 쇠가 깨어지다 ············ 145

그러나 우리의 사랑은 지속되고 ············· 153

여자들의 싸움 ······················· 161

"사랑을 하는 사람만이 비상할 수 있다" ········ 181

3부 변화로 나아가는 사랑

갱년기는 놀랍다 ································· 188
새로운 도전 ······································ 194
헤어져야 할 시간 ································ 203
이별의 의미 ····································· 212
갱년기는 사다리를 오르는 것 ················· 217
죽음의 그림자 ··································· 221
도착? ·· 225

| 프롤로그 |

한밤에 떠나는 생각의 여행

달빛이 창을 우울하게 비추고 빗방울이 창을 적신다. 구름이 하늘을 가른다. 12월이다. 이 해가 나처럼 안식을 원하고 있다. 자정이 훨씬 넘은 시간, 나는 뜬눈으로 침대에 누워 몸을 뒤척인다. 마음속에 하나하나 얼굴들이 스친다. 내게 조언을 구했던 사람들, 내게 뭔가 해결책을 기대했던 사람들, 남편과 나처럼 인생의 중반을 넘긴 사람들……. 그들의 이야기가 뇌리를 스친다. 조금도 낯설지 않은, 늘 듣는 이야기들이다. 튼튼한 줄 알았던 결혼의 벽이 심각하게 허물어져가는 소리! 나는 그 소리를 잘 알고 있다.

나는 깊이 잠든 남편을 향해 돌아누워 익숙한 숨소리에 귀를 기울인다. 내 몸을 남편에게 밀착시켜본다. 나와 마찬가지로 꽤 늙어버린 남편. 나는 편안하게 남편 옆에 누워 있다. 만난 지 30

년이 넘었고, 오랫동안 함께해온 부부들이 다 그렇듯 거의 모든 것을 함께 나누어온 남편이다. 한밤중에 잠이 깰 때면 때로 남편이 옆에 누워 있다는 사실이 다시 잠을 이루는 데 도움이 된다. 그런데 오늘은 그렇지 않다. 내 마음은 어수선하기만 하고, 한밤중인데도 정신은 말똥말똥하다.

한나의 얼굴이 떠오른다. 한나는 나보다 일곱 살 아래로 몇 주 전부터 불면증과 수면장애로 괴로워하고 있다. "이게 갱년기의 전조 증상인가요?" 내가 갱년기를 심하게 겪었다는 걸 잘 아는 한나는 내게 그렇게 물었다. 한나뿐 아니라 다른 여성들도 갱년기에 점점 더 관심을 보이고 있다. 그들은 공포나 선입견 없이 갱년기에 대처하기를 원한다. 그리하여 늘 내게 "당신은 어땠어요?"라고 묻는다.

나는 어땠냐고? 나의 갱년기는 상당히 무난하게 시작되었다. 나는 30대 후반부터 불면증이 찾아왔다. 어떤 때는 남편 옆에 누워서도 잠이 오지 않았고, 어떤 때는 남편이 옆에 없어서 잠이 오지 않았다. 어떤 때는 다시 잠들기 위해 남편이 옆에 있는 것이 도움이 되었고, 어떤 때는 남편이 옆에 있는 것도 별로 도움이 되지 않았다. 이유는 알 수 없었다. 하여튼 괜한 걱정으로 골머리를 앓거나 공연히 상기된 채 가슴이 콩닥콩닥하던 밤이 있었다. 밤새 머리를 싸매고 확실한 결정을 내리려고 전전긍긍했지만, 아침이 되면 밤에 내린 결정이 참으로 허망하게 다가올 때가 많았다. 감정은 오락가락했고, 흥분해서 잠이 오지 않는 시간들이 나를 혼란스럽게 했다. 하지만 당시 나는 갱년기에 대해 무지했다.

40대 중반 내가 호르몬의 급격한 변화를 겪게 되었을 때 남편도 마찬가지였다. 우리가 공통된 박자와 공통된 멜로디를 더 빨리 찾아냈더라면 어려움은 덜했을지도 모르겠다. 하지만 그랬다해도 전혀 다른 새로운 인생이 펼쳐지리라는 것을 제대로 깨닫지는 못했으리라. 그것을 깨닫기 위해 필요한 성숙과 성찰과 여유는 없었을 것이다.

우리 부부는 갱년기의 폭풍우를 겪은 후 풍성한 수확을 거두었다. 하지만 그럼에도 불구하고 이런 혼란의 시기를 이미 겪어냈다는 것이 얼마나 다행스러운지! 나는 이제 고요하고 침착하게 인생에서 정말로 중요한 일에 임할 수 있게 되었다. 전에는 혼란스러운 가운데 무엇이 중요한지 분간할 수 없었고, 그것을 분별할 만한 성숙이 갖추어져 있지 않았다. 그러나 지금은 모든 쓸데없는 걱정과 비현실적인 욕구에서 해방되어 신선하고 새로운 공기를 들이마신다. 나는 그때보다 더 늙었다. 하지만 나쁘지 않다. 한나에게 나의 이야기를, 나의 혼란스럽고 변화무쌍하고 새 출발을 위한 아픔이 있었던 시간들에 대해 이야기해줄 때가 무르익은 것이다. 이 시기를 겪으며 나의 부부 관계도 많이 변했다. 한나는 목소리가 더 커진 덕에 다소 반항적으로 보이지만, 소위 갱년기의 전형적인 증상이라고들 하는 히스테리나 우울증에 빠지지는 않은 듯하다. 한나는 갱년기가 새로운 내적 성장의 기회이며, 이런 위기를 통해 지금까지는 몰랐던 내적 잠재력에 다가갈 수 있다는 것을 알게 될 것이다.

갱년기는 변화의 시기다. 너무 빡빡하게 조여진 인생 계획을 수정하고, 너무 꼭 끼었던 인생 코르셋의 본을 고쳐 입는 시기 말이다. 내 삶의 코르셋은 너무 꽉 끼어 있었다. 40대 중반까지 나는 다른 사람에 의해 조종되는 삶을 살았다. 그러나 그것을 깨닫지 못하고 내가 내 인생의 방향키를 쥐고 있는 줄 알았다. 그러나 나는 단추로 작동되는 기계와 흡사했다. 기름칠이 잘 된 기계처럼 다른 사람들을 위해 달달거리며 몸을 굴렸다. 폐경이 내게 작전 타임을 부를 때까지 말이다. 그것은 나 자신을 되찾으라는 작전 타임이었다. 나는 아주 오래전부터 나를 잃어버리고 있었던 것이다.

생각이 여기까지 이르렀을 때 나는 그즈음 썼던 나의 일기와 메모가 생각났다. 그것을 다시 읽어보면 재미있을 거라는 생각에 조심스럽게 침대에서 빠져나와 삐걱거리는 마룻바닥을 걸어 복도로 나간다. 낡은 장식장 안에 일기를 넣어둔 파란 상자가 보인다. 일기를 읽을 생각을 하니 갑자기 어린아이처럼 설렌다. 일기는 그 혼란스럽던 시기를 구체적으로 기억나게 해줄 것이다. 당시 내 몸과 내 영혼의 상태가 어땠는지…….

나는 부엌으로 가서 와인을 한 잔 따르고 일기를 쓰곤 하던 자리에 앉는다. 달빛이 은은하게 테라스를 비추고 있다. 나는 책상의 스탠드를 켠 다음 부드러운 담요로 몸을 감싸고 등나무 소파에 깊숙이 몸을 밀어넣는다. 내 앞에 일기장 몇 권이 놓여 있다. 첫 번째 일기장을 넘기니 작은 편지가 끼워져 있다. 수신인은 남편이다. 밤마다 이 자리에 앉아 일기를 쓰던 내 모습을 생각하니 빙그레 웃음이 나온다. 당시에는 알지 못했지만 나의 행동은 사랑스런 의식과 같았던 듯하다.

> 여보, 지금 나는 아주 옛날처럼 당신에게 편지를 쓰기 위해 밤을 밝히고 있어요. 당신을 처음 사귈 때도 이랬지요. 정말 오랜만에 당신에게 편지를 쓰는군요. 갱년기에는 참으로 많은 것이 변하는 것 같아요. 그래서 이 시기를 갱년기라고 부르나봐요. 당신, 나를 잠 못 이루게 하는 것이 무엇인지 알아요? 나는 종종 우리가 막 사랑을 시작했던 그 옛날을 떠올려요. 우리는 정말이지 로미오와 줄리엣에 버금갈 만큼 열정적인 사랑을 나누었죠. 그후 많은 것이 변했지만요. 내가 세월의 표지를 더 잘 분별할 수 있었다면 변화에 좀더 잘 대처했을 텐데요. 하지만 인간은 무엇인가를 잃어버려봐야 그 진정한 가치를 깨닫는 것 같아요. 그렇지 않아요? 당신과 나는 정신적으로 메말라 있을 때 서로 충분한 교감

을 나누지 못했던 것 같아요. 이제 다시 얻은 행복의 시간에 당신의 품에 안겨 있으면서도 나는 이런 오래된 생각들을 하게 된답니다. 이것이 갱년기의 후유증인가요, 아니면 이제야 정확히 보게 된 것인가요? 그냥 머리를 굴리는 것만으로는 별로 도움이 되지 않는 것 같아요. 그래서 나는 한번 움직여보려고 해요. 영혼에는 다른 법칙이 적용되나봐요. 나는 다시 일기를 써보려고 해요. 그리고 당신에게, 나에 대해 알게 된 것들을 알려주고 싶어요. 그때까지 우리를 더 든든히 묶어두기로 해요. 많은 것들이 더 아름다워질 거예요. 당신을 사랑해요.

나는 편지를 가만히 다시 접는다. 이제 한나에게 무슨 말을 해야 할지 감이 잡힌다. 갱년기에 접어든 사람은 조망할 수 없는 상황에 빠질 위험이 더 커진다. 당시 나의 경우 글을 쓰는 것은 물밀 듯 밀려오는 혼란으로부터 벗어나는 데 무척 도움이 되었다. 나는 두더지처럼 연필이라는 도구로 구멍을 팠고, 그러면서 도무지 끝날 것 같지 않은 터널 저편에서 빛을 보았다. 글을 쓴다는 것은 자기 자신에게 귀를 기울이는 것이다. 글은 내가 위기에서 벗어날 수 있도록 도와주었다. 나의 일기는 일종의 내면 기행이었다. 나는 내 인생의 한 단락을 일기로 기록했다. 나중에 더 잘 성찰할 수 있도록 말이다. 일단 상황을 넘기고 나면 돌아보고 정리하기는 쉽기 때문이다. 한나는 일기를 써보라는 나의 제안을 아주 마음에 들어할 것이다. 그녀는 글 쓰는 것을 좋아하니까.

그렇다면 갱년기, 나의 사랑은 어떠했는가? 남편과 나는 연인이 되기 전 서로 정신적인 친구였다. 어느 눈 오는 겨울 우리는 젊디젊은 뽀송뽀송한 모습으로 서로를 알게 되었고, 3년 후 태양이 작열하는 여름 부부가 되었다. 그로부터 25년이 지난 어느 가을 호숫가에서 —우린 더 이상 싱싱한 모습은 아니었지만— 깨어진 사랑을 회복하기 위해 애썼다. 그동안 많은 일이 일어났다. 그 일이 무엇이었느냐는 중요하지 않았다. 우리는 인생의 크고 작은 위기를 함께 극복했다. 우리에게는 서로가 있었고, 우리는 서로를 사랑했다. 그것으로 충분했다.

인생의 중반에 접어들면서 나는 남편이나 아이들보다는 나 자신에게 신경을 많이 썼다. 그때까지 우리의 삶은 물 흐르듯 달려가고 있었다. 어느 날 나는 속으로 이렇게 물었다. '이것이 다 일까? 그냥 이렇게 끝나버리는 걸까? 과연 나는 인생에서 주어진 가능성을 충분히 활용한 것일까?' 나는 자꾸만 내적인 불안에 휩싸였고 신경이 곤두섰다. 그렇지만 이런 상태를 누구에게도 제대로 설명할 수 없었다. 그런대로 무난하게 살았고 원하는 것을 모두 가졌다고 생각했는데, '정말 그런가'라는 질문 앞에 멈칫거려야 했다. 누군가 마음속에서 우리가 삶에서 뭔가 중요한 것을 놓치고 있다고 속삭이고 있었다. 그러나 그것이 무엇인지 도무지 알 수가 없었다.

우리는 우리가 놓치고 있는 것들을 붙잡고 싶었다. 그러나 남편과 나의 방법은 전혀 달랐다. 내게 중요한 것은 새로이 찾고 시험하는 것이었다. 다른 남자들을 대할 때 나는 성적인 것을 생각하지 않았다. 내게 중요한 것은 대화와 영혼의 교감이었기 때문이다. 그것은 열일곱 살 때나 중년이 되어서나 변함이 없었다. 그러나 남편은 달랐다. 빛나는 청춘을 뒤로 하고 중년의 위기에 휘둘린 남편은 나와의 임박한 이별을 위해 하루 빨리 새로운 여자를 찾기에 급급했다. 남편으로 하여금 전에는 알지 못했던, 최고의 성적 능력을 발휘하게 할 여자 말이다. 남편이 늘 에로스적 상승을 꿈꾸고 있다는 사실이 처음에는 내게 자못 충격으로 다가왔다. 하지만 우리가 잠깐 헤어져 살다가 호숫가에서 재회했을 때, 남편의 솔직함은 내게 많은 도움이 되었다. 남편은 솔직하게 말했고 아무것도 숨기려 들지 않았다. 당시 나는 그것에 감동해서 ―아픔에도 불구하고― 다시 남편에 대한 강렬한 사랑에 빠졌다. 낡은 가구만큼이나 친숙한 남자에게 말이다.

그것은 나의 첫 돌파구였다. 그때부터 나는 차츰 무엇이 문제인지 깨닫기 시작했고, 나 자신의 행동에 책임을 지기 시작했다. 그러지 않았더라면 그런 위기 속에서 우리가 부부로 살아남는 일은 가능하지 않았을 것이다. 내가 새로운 태도를 갖지 못했다면 남편의 배신을 받아들일 수 없었을 것이다. 나는 남편의 행동에 상당 부분 나의 책임이 있다는 사실을 깨달았다.

이런 솔직함이 필수적이다. 나는 지금도 자꾸만 옛 습관이 되살아나려고 할 때마다 아이처럼 안달하며 그것을 억누른다. 갱년기에 찾아온 사랑의 얽힘은 우리에게 커다란 도전이 되는 사건이었다. 우리가 변하지 않았더라면 우리는 나이 들어 경직되고 생기 없는 사람이 되었을 것이다. 나는 과거와 완전히 이별하지 않는다면 인생의 새로운 단락이 주고자 하는 행복을 놓치게 될 것이라고 확신했다. 무엇보다 중요한 것은 예전에 지고 있던 짐, 정말이지 진작 치워버렸어야 할 짐을 치워버리는 것이었다. 나는 인생의 자질구레한 쓰레기로부터 떠나고 싶었다. 그리하여 노년으로 접어드는 새로운 시기를 부담과 걱정 없이 맞고 싶었다.

갱년기에 우리를 위해 노래했던 것은 나이팅게일이었다. 우리는 나이팅게일의 노래를 들을 시간이 충분히 있었다. 남편과 내가 각자 자기 자신으로 돌아갔을 때, 그리고 사랑받고 인정받고 싶은 기본적인 욕구를 인정했을 때 우리는 상대방이 얼마나 소중한 존재인지를 깨달았다. 우리가 보낸 사랑의 밤은 영원할 수 없었다. 그러나 추억은 영원했다. 우리는 우리를 자꾸 갈라놓으려고 하는 것들을 포용하며, 우리를 묶어주는 것들을 더욱 늘려 나갔다. 우리는 지금도 나이팅게일의 노래에 귀를 기울이고 있다. 나이팅게일이 우리를 위해 새롭고 지혜로운 사랑의 노래를 부르도록 말이다.

전복을 겪고 새 출발을 하고, 자신을 되찾고 내적인 평안을 얻은 후 나는 아주 당연한 것처럼 예전의 한물간 삶의 습관을 버렸다. 그리고 새로운 직업을 찾았다.

나는 사람들과 함께 일하고 사람들을 돕는 걸 좋아했기에 이 방면에서 나를 개발해 나가고 싶었다. 그래서 스위스 심리학자 율리아 옹켄Julia Onken으로부터 갱년기 세미나를 주재하기 위한 교육을 받았고, 그것은 내 삶의 커다란 전환점이 되었다.

세미나를 하면서 나는 여성들의 이야기에 점점 더 빠져들었다. 그리고 몇 년 후 '중년'이라는 주제로 워크숍을 하면서 여성의 인생을 더욱더 폭넓게 바라보게 되었고, 거의 모든 여자들의 삶이 처음에는 자기가 아닌 다른 사람들의 뜻대로 좌지우지된다는 것을 실감했다. 여자들은 유년 시절부터 순종하고 순응하도록, 자신의 느낌을 숨기도록 배운다. 그리고 사춘기에도 어릴 적에 습득한 행동양식을 따르게 된다. 반항하면 곧장 부모의 꾸지람이 이어진다. 그리고 이것은 다시금 성장하는 소녀들의 심리에 영향을 끼친다.

결혼해서도 많은 여자들이 어머니의 태도를 답습한다. 직장에서도 집에서 배운 행동양식을 구사한다. 중년이 자신을 찾으라고 문을 두드릴 때까지 말이다. 그렇다. 중년이 되면 이제 자신을 찾고, 자신만의 삶의 스타일을 만들어가는 것이 중요해진다. 모든 인간에게 내재된 창조성을 표현할 수 있도록 말이다. 나의 경우도 그랬다.

갱년기는 우리 자신과 가족사를 돌아볼 수 있는 계기가 되는 것 같다. 우리는 늘 자신의 치마 밑에 할머니와 어머니의 치마를 입고 사는데, 어머니와 할머니의 치마는 오랜 세월 우리를 따뜻하게 해주고 도움이 되었다. 그러나 갱년기는 할머니와 어머니의 치마를 벗고 자신의 새 옷으로 갈아입으라고 요구한다. 처음에는 약간 불편할 수 있다. 문제는 새 옷이 우리에게 잘 맞아야 한다는 것이다. 그러므로 옷본을 정확히 만들기 위해 충분한 시간을 갖는 것이 좋다.

아이들이 일요일에 만든 초콜릿 푸딩의 모양이 제각기 다른 것처럼 나는 모든 여성과 남성이 그들만의 삶을 만들어가기를 바란다. 한나도 그럴 수 있었으면 좋겠다. 자라면서 배웠던 가족

특유의 행동양식을 돌아보고 문제시했던 경험은 참으로 유익했다. 그로써 나의 결혼생활은 안정을 되찾았다. 그리하여 나는 이제 어떻게 하면 결혼의 위기를 극복할 수 있는지 가이드라인을 가지게 되었고, 그것을 기꺼이 다른 사람들에게 알려주고 싶다.

일기에 대해 곰곰이 생각하다보니 피곤하다. 내일 나는 한나를 위해 글을 쓸 것이다. 그리고 발췌한 일기들을 한나에게 읽힐 것이다. 나의 경험은 한나와 한나의 남편에게 도움이 되리라. 한나뿐 아니라 예전의 우리 부부처럼 방향을 찾지 못하고 중요한 시기를 보내고 있는 모든 사람들에게 말이다.

갱년기에 중요한 것은 ─몇몇 신체적인 변화 외에도─ 사춘기에 형성된 낡아빠진 가치관 및 이상형과 이별하는 것이다. 그런 후에야 우리는 새로운 시기를 기꺼이 맞아들일 수 있다.

늙어가는 것을 막을 수 없다. 그러나 속수무책으로 있을 필요는 없다. 우리는 내면으로부터 새로워질 수 있기 때문이다. 언제나, 매일매일 말이다.

호르몬의 춤

사랑하는 한나

지난 밤 네게 '호르몬의 춤'을 소개해주어야겠다는 생각이 났어. 네게 댄스 스텝을 선보이기 전에 우선 호르몬의 춤이 무엇인지 알려줄게.

오래전부터 나는 노화를 연구하는 학자들이나 진화 심리학자들의 글을 관심 있게 읽어왔어. 그러던 어느 날 어떤 캐리커처를 보게 되었지. 한 남자가 불만스런 얼굴로 어깨를 축 늘어뜨린 채 주머니에 손을 찌르고 서서는 "제기랄, 나도 갱년기가 되었으면 좋겠어!"라고 웅얼거리고 있었지. 그 남자는 머리칼을 나부끼며 웃는 얼굴로 팔을 활짝 편 채 문을 열어젖히고 밖으로 뛰쳐나가는 아내를 바라보고 있었어. 나는 이 캐리커처를 보며 무릎을 쳤어. 자연이 여성에게 갱년기를 겪도록 했다면 바로 이 그림과 같은 형태가 아닐까 생각했어. 맞아, 갱년기는 바로 새로운 문이 열리는 때야!

아주 먼 옛날 나이 든 여자들은 소중한 존재였어. 먹을 것을 모으고 후손을 위험에서 보호하는 중요한 인력이었지. 할머니들의 그런 역할은 생존에 도움이 되었지. 이런 할머니들의 유전자는 다음 세대로 계속 유전되었어. 그리고 진화가 진행됨에 따라 점차 월경이 끊기게 되었고 출산을 하다가 사망할 위험이 사라졌지. 그리하여 세대가 진행되면서 여자들은 점점 나이가 많아졌어. 오늘날에도 이렇게 오래 사는 여자들을 통해서 후손들이 많은 도움을 얻지. 조물주는 그러고 나서 남자에게도 갱년기를 선물하자는 '생각'에 이르렀던 것 같아. 남자들은 갱년기를 지나면서 일방적인 성적인 관심사—일에 대한 관심사를 제외한다면—에서 벗어나 정신적인 면에도 관심을 갖게 되지. 종전에 아래쪽으로만 투입되던 에너지는 그로써 존재의 중앙을 향하게 되는 거야. 남자의 갱년기는 여자의 갱년기와 별다를 바가 없어. 다만 남자는 아주 늙어서까지 생식 능력을 잃지 않는다는 점이 여자와 다를 뿐(물론 이와 관련한 변화도 벌써 예견되고 있어).

한편 갱년기를 맞은 여자는 이제까지는 주로 아이를 키우는 데 집중했던 에너지를 다른 데 투입할 수 있어. 정신적으로 더 창조

성을 발휘할 수도 있고, 시사적인 문제들에 대해 더 큰 목소리를 낼 수 있지.

자연이 우리 여자들에게 폐경을 선물한 데는 뭔가 뜻이 있는 것이 분명해. 갱년기 현상은 수수께끼 중 하나로 남아 있지.

갱년기가 되면 남자의 뇌 속에서도 호르몬의 변화가 나타난단다. 그래서 남자들의 생각은 더 이상 일과 섹스만을 맴돌지 않게 되지. 물론 변하지 않는 남자들도 있지만……. 갱년기 남자의 테스토스테론 수치는 점차 떨어지고, 여자들의 테스토스테론 수치는 높아져. 테스토스테론이라는 남성 호르몬은 남자 특유의 행동양식을 발현하게 하는 호르몬이야. 그리하여 여자들은 갱년기를 지나면서 더 공격적이고 싸움에 능하게 되고, 남자들은 반대로 배려하고 돌아볼 줄 알게 되지. 여자들은 약간의 남성적인 행동양식을 구사할 줄 알게 돼. 나는 이런 것들이 아주 좋은 변화라고 생각해.

테스토스테론뿐 아니라 여성 호르몬인 에스트로겐도 춤을 추게 되지. 물론 남성과 여성 호르몬의 춤은 리듬도 다르고 박자도 달라. 무엇보다 멜로디가 다르지. 하지만 이제 남편과 나는 그렇다는 것에 별로 불편을 못 느껴. 반대로 그런 현상은 우리의 관계에 생동감을 불러일으키고 균형을 잡아주지. 막 갱년기를 겪을 당시와 다른 점이 있다면, 우리가 그사이에 호르몬의 과도기에 대해 정확히 알게 되었다는 거야. 우리는 서로 다른 정서 상태와 서로 맞지 않는 음들을 더 이상 심각하게 받아들이지 않아.

갱년기의 변화는 한동안 지속돼. 정확히 말해 7년씩 두 번이란다. 폐경 전 7년, 그리고 폐경 후 7년! 공연히 그런 게 아니야. 우리의 전체적인 발달은 7년 주기로 진행되거든. 물론 남자의 경우는 갱년기에 돌입했는지 안 했는지 쉽게 알 수가 없어. 어떤 남자가 자신이 약해졌다는 것을 공개적으로 시인하겠니? 가령 평소에 하던 운동을 익숙한 시간에 해낼 수 없는 경우에도 남자들은 여전히 다시 예전 상태를 회복할 수 있으리라고 생각해. 하지만 그런 일은 일어나지 않아. 그런 경우 남자들은 비싼 조깅화를 사거나 달리기 파트너를 바꾸어보기도 하지. 운동화나 함께 뛰는 사람에게 문제가 있는 건 아닌가 하는 생각에 말이야. 하지만 그런 증상은 보통 갱년기의 시작이야. 여자들의 경우는 폐경이 끼여듦으로써 새로운 인생의 방향을 찾고 정신적인 성장을 계속해 나가기가 쉬워. 변화의 교차로에서 갈 길을 알려주는 확실한 표지판이 있는 셈이지.

그리하여 어떤 사람은 직업을 바꾸거나 추가적인 자기계발 교육을 받기도 해. 어떤 사람들은 파트너나 애인을 바꾸기도 하지. 어떤 사람들은 살고 있는 집을 리모델링하기도 하고, 어떤 사람들은 자신의 마음을 리모델링하기도 해. 어떤 사람들은 이사를 하거나 늦둥이를 낳기도 하고, 어떤 사람들은 이민을 가거나 주름살 제거 수술을 받기도 하지. 마흔이 되면서 대부분의 사람들이 많든 적든 변화의 욕구를 느끼게 돼. 어떤 사람들은 변화의 욕구를 별로 의식하지 못하는데, 그러면 십중팔구 신체에서 해당 반응이 나타나게 되지. 신체는 이성보다 더 민감하거든. 그래서 몸이 피곤하고, 불면증이나 우울증이 생기고, 가슴이 뛰거나 공포감을 느끼기도 하지. 이것들은 원래의 갱년기 증상이라기보다 일종의 경고 신호야. 신체가 메시지를 전달하려는 거지.

새로운 인생으로 들어가는 법은 여러 가지야. 오랫동안 함께 해온 부부라면 아주 다른 형태의 결혼생활을 시험해볼 수도 있어. 호르몬의 변화는 그런 과도기를 겪는 데 도움을 주지. 늙고 싶은 사람은 없을 거야. 남편과 나는 젊은 날 함께 늙어가자고 약속했지. 그리고 이제 생각보다 빨리 그 시간이 닥쳐왔어. 돌아보건대 남편과 나는 함께하는 동안 약간의 간격을 유지하면서 서로를 관찰하고, 숨을 고르면서 서로에게 점점 가까이 다가갔던 것 같아. 하지만 이렇게 숨 고르는 시간은 점점 짧아졌지. 그리고 우린 결국 관계를 유지하기 위해 필요한 리듬에서 이탈했어. 여러 번의 별거 끝에 최종적으로 다시 합친 뒤 우리는 신체적으로는 거의 붙어 지내고 있어. 다만 난 날개를 활짝 펼치기 위해 정기적으로 영혼의 비행을 하지.

우리 결혼생활의 위기는 내가 나를 찾기 시작했을 때부터 시작되었어. 소위 이기적인 행동을 시작했을 때부터 말이야. 나는 방향을 제시해주는 많은 표지판을 보았고 그것을 따라가고 싶었어. 아니, 정확히 말해 진짜 위기는 우리가 처음 별거를 했을 때 시작되었어. 우리는 일시적으로 별거를 하기로 했었지. 우리의 결혼생활이 조용히 허물어지고 있을 때 우리 부부는 갱년기에 대해 전혀 생각하지 않았거든. 그저 결혼생활 20년이 지난 부부에게 흔히 있을 수 있는 어려움이라고 생각했지.

1부

모순과 조화 사이에서
1994-1995

여름의 댄스

1994년 여름

이 여름은 특별히 푸르게 빛난다. 나는 잠시 다시 행복을 느낀다. 몇 년 전부터 동경해온 고풍스런 가옥을 주인이 팔려고 내놓았단다. 나는 그 집을 사자고 남편을 졸라댔다. 그리고 남편은 늘 그래왔던 것처럼 동의했다. 남편은 나와의 화목을 더 중요하게 여기니까. 남편 역시 이 멋진 집을 원한다. 속으로는 지금 이 집을 살 만한 형편이 아니라고 생각하지만, 남편은 내면의 목소리를 존중하지 못한다.
나는 사랑의 밤을 보내며 남편의 생각을 날려버렸다. 남편은 나긋나긋해졌다. 바라는 일을 이루는 데 있어, 우리는 뭉치면 강해진다. 우리는 원하는 것을 갖는다. 그리고 가지지 못한 것을 위해 투쟁한다.
그 집은 꿈의 집이다. 밖은 고급스럽고 안은 복고풍이면서도 최신식 시설이 갖추어져 있다. 우리는 기분이 좋아서 유쾌한 나날을 보내고 있다.

한나, 새 집에 들어간 행복감은 9월 정도까지 지속되었어. 그 후 나는 갑자기 짜증이 많아졌지. 가게를 운영한 지 벌써 7년째에 접어들었는데 별 이윤을 남기고 있지 못하다는 것 외에는 딱히 이유도 없었어. 난 30대 후반에 유치원 교사를 그만두고 사업을 시작했지. 신대륙으로 진입했던 거야. 아이들이 꼬무락거리는 유치원이 지긋지긋했어. 레스토랑을 경영하는 것은 나의 자아를 실현하는 일이었지. 나는 고급 음식을 팔았고, 정기적으로 지역 미술가들을 위한 전시 공간으로 가게를 제공했어. 새로운 삶에 대한 기대감에 가득 차 힘찬 출발을 했지.

 그러는 동안에 나는 남편의 월급을 떼어, 부지런히 가게에 투자를 했어. 양심의 가책 같은 것은 없었어. 신혼 때 남편이 아직 학업을 마치지 않아 내가 몇 년 간 남편을 먹여 살린 적이 있었거든. 이제 피차 공평해졌다고 생각했지. 그러나 조숙한 아들은 이 일을 못마땅해했어. 배꼽 떨어진 게 엊그제인 것 같은데 아들은 벌써 사춘기에 접어들어 있었지. 아들은 아버지가 상관하지 않는 일을 가지고 시비를 걸었고, 나는 그것을 용납할 수 없었어.

 내 상태는 계속 나빠지고 있었어. 일을 마치고 돌아올 즈음이면 파김치가 되어 있었지. 그럴 때 편안히 쉬고 있는 남편을 보면 공연히 화가 났어. 나는 점점 예민해졌어. 처음으로 만성 피로가 이런 거구나 실감했지만 인정하려 하지 않았지.

 그리고 남편과 아들이 많은 점에서 너무나 비슷하다보니 서로 부딪칠 수밖에 없다는 것도 인정하지 않았어. 남편은 집에서는 마냥 쉬고 싶어했고 자신을 바꿀 준비가 안 되어 있었지. 그래서 남편과 아들이 큰소리를 낼 때면 나는 정말 참기 힘들었어. 자꾸 어렸을 적 남동생들과 아버지의 대립이 떠올랐거든. 그 옛

날 우리 엄마는 오후에 일을 나갈 때마다 남동생들과 아버지에게서 눈을 떼지 말라고 신신당부를 했어. 이웃들이 부자지간의 싸움을 눈치 채면 안 되니까 말이야. 따라서 나는 해야 할 일이 많았지.

레스토랑을 운영하기 위해서는 정신적인 양분이 필요했어. 나는 거의 자정까지 문학, 심리학, 철학 책들을 읽었어. 아무에게도 방해받지 않고 마음껏 책을 읽으려고 혼자 작은 손님방에서 자는 날이 많았고, 그러다보니 아침엔 남편이 출근해 한창 수업을 하고 있을 시간까지 늦잠을 잤어. 남편과는 점심시간에 잠깐 만났지만 꼭 필요한 말만 했어. 남편은 말없이 식사를 하려고 했고, 난 틈만 있으면 그에게 불평을 해댔지. 그런 나를 피하기 위해 남편은 아무 말 없이 접시를 들고 텔레비전 앞으로 가서 먹었어. 지금 생각하면 이해할 만한 일이지.

나는 언제나처럼 살림을 팽개쳐놓고 바쁘게 가게로 뛰어갔어. 그리고 외모에 아주 신경을 많이 썼지. 나의 모습을 연신 거울에 비쳐 보았어. 나는 오래전부터 남자 손님들이 나를 주시하고 있다는 것을 알았거든. 하지만 유감스럽게도 남편은 더 이상 나를 주시하고 있지 않았어. 가게에는 화가들이 드나들었고 그들과 시시덕대는 일은 재미있었어.

가을의 탱고

1994년 가을

희박한 공기 속에 짓누르는 듯한 더위가 남아 있다. 더운 숨이 잘 돌아가지 않는 우리 둘의 뇌를 달군다. 우리는 서로 안녕치 못하다. 우리 사이의 공기는 아주 무거워졌다. 우리는 별로 말도 하지 않고, 말을 해도 아무 말이나 툭툭 던진다. 나의 오래된 선배가 남편 곁을 맴돌고 있다. 하지만 그녀는 남편 스타일이 아니다. 바짝 말랐고 내가 보기에는 경박하다. 하지만 남편은 자신이 가까이하는 여자가 어떤 여자인가 하는 것은 별로 상관하지 않는 듯하다. 중요한 것은 남편의 상처 입은 자아가 자양분을 얻는 것. 나는 남편의 자아에 별로 자양분을 주지 못한다.

오래전부터 실존적인 문제들이 남편을 괴롭히고 있다. 남편은 오토바이 면허를 따야겠다고 생각하더니 실행에 옮겼다. 그야 나쁘지 않다! 남편은 또 왕(王) 자 모양의 배를 가지면 좋겠다고 생각하더니 휘트니스 센터에 가서 헉헉거리며 운동을 한다. 그것도 뭐 나쁘지 않다. 남편은 또 멀리 여행을 가고 싶어하기에 나는 가게가 바빠서 함께 가지는 못하지만 남편이 이런 여행을 가도록 성원했다. 남편은 아들과 함께 플로리다 연안을 정복하고 왔다.

그리고 남편과 나는 '우리가 한동안 떨어져 지내보면 어떨까?' 하는 생각을 하게 되었다. 남편과 아들이 휴가를 떠나고 홀로 지내는 시간은 나쁘지 않았다. 나는 내 필요에 의해서만 움직였다. 먹고 싶을 때 먹고, 좋아하는 음악을 실컷 들었다. 말끔하게 치워놓은 집을 아무도 어질러놓는 사람이 없었다. 나는 기분 좋게 나의 파라다이스를 활보했다. 혼자 사는 것은 멋진 일이다!

한나, 나는 한 번도 혼자 살아본 일이 없어. 부모님으로부터 독립해보지 못한 채 남편과 결혼을 했거든. 심지어 남편과 사귈 때에도 부모님은 남편과 나를 절대로 집에 단둘이만 놓아두는 법이 없었지. 결혼할 때도 부모님의 허락을 받아야 했어.

그러니 이제 이루지 못했던 젊은 날의 동경이 되살아난 것도 이상한 일은 아니지. 나는 무의식적으로 남편을 선동했어. 남편이 먼저 나를 떠나서, 그 책임을 나에게 돌릴 필요가 없게 되기를 바랐어. 나는 내가 인생에서 놓친 것이 없는지 확인해야 하니까 한동안 별거해야겠다고 먼저 말을 꺼내지 못했어. 그런 말은 입 밖에 낼 수도 없었지. 하지만 속으로는 남편에게 그렇게 외쳐대고 있었어. 친정 아버지는 "결혼한 여자는 집을 나와 혼자 살면 안 된다. 모두가 그렇게 한다면 가정이 어떻게 되겠니?"라고 늘 말씀하셨지. 그 말이 귀에 생생했어. 하지만 그 말이 내 마음속에서 영향력을 발휘하고 있다는 걸 그때는 알지 못했어.

나는 사춘기 소녀처럼 마음이 싱숭생숭해졌지. 남편은 별 말을 하지 않았고, 남편이 말을 하면 내가 귀담아듣지 않았어. 내가 두려울 게 뭐가 있었겠어? 내게 남편은 너무나 긴 시간 동안 오래된 가구처럼 친숙했어. 그 가구를 만지며 내 곁에 있다는 것을 기뻐할 때도 있었지만, 이런 가구가 내게 어떤 기쁨을 주었는지를 거의 잊고 살고 있었어.

나는 겉으로 보이는 것에 더 관심을 가졌어. 오랜 부부 관계보다 마룻바닥을 윤내는 데 더 힘을 쏟았지. 그리고 늘 "왜 내가 먼저 대화하려고 애써야 하지? 왜 내가 먼저 꼬치꼬치 캐물어야 하지? 왜 내키지 않는 대화를 해야 하지?" 하고 자문했어. 그렇게 우리의 관계는 뒤틀려갔고 그것은 대화로만 풀 수 있는 문제였지. 그러나 우리는 더 이상 대화할 능력이 없었어. 남편은 에너지를 소진하는 모든 일을 제쳐놓은 채 그저 쉬기만을 원했거든. 집에서까지 인간관계에 신경 쓸 여력이 없었어. 나는 혼란스러운 나머지 언젠가 잠자리에서 남편과 상의를 하려고 했지. 내겐 밤이 가장 유리했어. 그때는 남편이 다른 곳으로 도망갈 수 없었으니까. 하지만 남편은 마비된 것 같았어. 관계를 회복해보려는 나의 노력은 좌절되었지. 당시 우리의 의사소통이 얼마나 뒤틀려 있었던가를 생각하면 손으로 머리를 쥐어박을 수밖에…….

일로 만나는 남자들이 대단한 정열과 열정으로 내게 다가왔을 때 나는 내가 얼마나 대화에 굶주려 있는지를 깨달았어. 나는 유독 남편에게서만 이해받지 못한다고 느꼈어. 남편이 내 말에 귀를 기울이는 일은 아주 드물었거든. 나의 내면에 관심을 보이는 일은 더욱 드물었지. 한두 시간의 대화로는 턱도 없이 모자랐어. 나는 숨 쉴 공기가 필요한 것처럼 대화가 필요했어. 하지만 그때까지도 가게에서 만나는 다른 남자들이 자신들의 아내를 두고 하는 말이 남편이 나를 두고 하는 말과 동일하다는 것을 몰랐어. 그들은 "아내와 나는 더 이상 같은 언어를 사용하지 않아요!"라고 말했지. 나중에 남편도 나에 대해 그렇게 말했어.

당시 나의 시각이 얼마나 일방적이었는지를 생각하면 지금도 부끄러워. 우리의 부부 관계에 뭔가 문제가 있다는 것은 확실했지. 하지만 나는 혼자 살고 싶은 소망에 대한 책임을 지고 싶은 마음이 없었어. 일을 질질 끄는 것이 더 간단해 보였지. 그래서 나는 남편에게 결정권을 빼앗긴 것처럼, 남편이 나를 결혼의 파라다이스로부터 빼내어 내동댕이친 것처럼 행동했어. 남편이 죄인 역할을 담당하고 나는 희생자로 괴로워해야 했지. 이런 행동양식은 아주 오래전에 습득한 것이었어!

나는 이국적인 사고를 가진 예술가들이 지적인 분위기를 풍기며 내게 접근해오는 걸 즐겼어. 그들의 관심으로 인해 내가 가치 있는 여자가 되는 것 같았거든. 그들은 내 말을 귀 기울여 들었어. 이때도 나는 사춘기 시절에 배운 행동양식을 구사했지만 그것은 나중에 이야기하기로 할게.

나는 내가 얼마나 가치 있는 사람인지 시험했어. 그리고 사춘기에 못했던 행동을 감행하기를 원했어.

겨울의 재즈

1994년 겨울

찬 기운이 나의 가슴을 휘감는다. 나는 얼어붙어 있는 듯하다. 어제부터 나는 삶의 의욕을 잃었다. 나는 언제나처럼 집에 들어오는 남편을 상상한다. 모든 것은 여전히 똑같겠지. 부엌은 여전히 말끔히 치워져 있겠고……. 그러나 나는 더 이상 그곳에 있지 않을 것이다. 나는 오래전부터 도피를 계획해왔다. 남편은 전화기를 들고 여느 때처럼 가게로 전화할 것이다. 그러나 나는 더 이상 남편 곁으로 돌아가지 않을 거라고 냉정하게 대답하고 수화기를 내려놓을 것이다.

남편이 그저께 화가 나서 말했던 것이 이제야 실감나게 다가온다. 남편은 "당신, 정신 차리려면 한동안 집에서 나가 있는 게 좋겠군. 난 당신의 히스테리를 더 이상 참아줄 수 없어!"라고 말했다. 이제 나는 내가 그렇게 해야 한다고 확신한다. 지금이 아니면 영원히 하지 못할 것 같다. 별로 두렵지는 않다. 용기를 낼 것이다.

그렇게 나는 레스토랑에 칩거하기 시작했어. 사무실을 재정비해서 방을 꾸몄지. 크리스마스가 코앞이라 눈코 뜰 새 없었어. 매출은 전에 없었을 정도로 상승곡선을 그리며 올랐지. 나는 열심히 뛰었어. 정신을 잃지도 않았고 칼을 갈지도 않았지. 예전에 친했던 선배가 좀나방이 불빛 주위를 맴돌듯 남편 주위를 맴돌고 있다는 것을 알 만한 소식통으로부터 들어서 알고 있었지만 아무렇지도 않았어. '그래, 할 테면 해봐라.'라고 냉정하게 생각했지. '그래봤자 뇌 용량이 콤팩트 통만 한 계집하고 어울리는 꼴이지.' 라고 말이야.

제기랄, 그러나 속으로는 아무렇지도 않은 게 아니었어. 나는 엄청 독을 품었고 결코 마음을 가라앉힐 수 없었지. 한나, 네게는 솔직하게 말할 수 있을 것 같아. 그러나 당시 나는 감정을 숨기는 데 탁월했지. 내가 그 선배에 대해 그렇게 혹평했던 이유가 다시 생각나는군. 전에 그 선배와 나는 아주 절친한 사이였지. 나는 그 선배에게 결혼생활의 어려움을 토로하기도 했어. 당시 선배는 내게 좋은 충고를 했고 나를 이해해주었지. 자신도 그랬다면서 말이야. 그녀는 오래전에 이혼하고 새 남자를 찾고 있었어. 그래서 남자들이 어떤 족속이며, 자신이 어떻게 생각하고 어떻게 느끼는지에 대해 끊임없이 이야기를 해주었지. 자신이 어떻게 행동하고 어떻게 책임을 회피하는지도 말이야.

그때 나는 무척 순진했고 그 선배를 믿었어. 어쨌거나 나보다 자그마치 열 살이나 연상이었으니까. 그러고 나서 이런 일이 생긴 거야. 나는 머리를 한 대 얻어맞은 것 같아서 일기에 엄청난 분노와 실망을 휘갈겨 썼어. 얼마 지나지 않아 그 선배가 내게 전화를 걸어와 자신의 마음을 털어놓더군. 네 남편이 내게 약간 기대려고 했는데 알고 있냐고. 나는 전화기를 내려놓을 수 없었어. 나는 그녀로부터 남편이 무엇을 힘들어하고 있는지, 내게 바랐던 것이 무엇이었는지를 들었어. 나는 약간 거리를 둔 객관적인 시각에서 남편을 관찰할 수 있었어. 남편 곁에 있을 때 내게 부족했던 점은 바로 그런 시각이었지.

하지만 나는 철통같이 버텼어. 이것 역시 어린 시절에 습득한 낡은 유품이었지. 한번 시작한 것은 끝까지 밀고 나간다! 접시가 완전히 비어야 일어선다! 다 먹을 때까지 몇 시간이 걸릴지라도⋯⋯.

싱글로서 나는 갑자기 많은 돈을 저축하기 시작했어. 물건을 거의 사지 않았거든. 쌀 조금하고 딱딱하고 거친 빵과 탐폰(삽입형 생리대)이 전부였어. 냉장고는 텅 비었고 나를 돌보는 일은 그다지 중요하게 다가오지 않았지. 그해 크리스마스는 내게 무미건조하게 다가왔어. 나는 슈퍼마켓 앞에 상주하는 거지에게 매일 소시지를 넣은 동그란 빵을 희사했지. 그는 눈물을 글썽거리면서 그 빵을 먹었어. 그것을 보면서 나는 엄마로서 나의 의무가 생각났어. 친정 식구들은 크리스마스 카드에 "어머니는 가족의

지주다."라고 써서 보냈지. 내가 가족들과 함께 있지도 않고, 친정에도 가지 않았으니까 말이야. 나는 한계를 뛰어넘어야 했어. 좁은 새장을 박차고 나오려고 했어. 그래서 아이들에게는 나를 이해해달라고 말했어.

한나, 그해 크리스마스에 나는 싱글을 위한 크리스마스 파티에 참석했어. 그런 모임에 참석한 건 처음이었지. 아주 곤혹스럽고 떨렸어. 하지만 식사가 끝나기도 전에 나는 그 모임이 혐오스러워지기 시작했지. 기름기 흐르는 거위 때문이 아니라 와인에 취해 서로 신세 한탄을 해대는 남자들 때문에 말이야.

여자들도 별 다를 바 없었어. 크리스마스 장식처럼 잘 차려입고 앉아서는 왕성한 식욕으로 먹어대고 있었지. 관심 있는 눈길을 보내는 남자도 없었고, 그저 번들거리는 와인 잔만이 마비된 감정을 맴돌 뿐이었어. 내 아들은 나 없이 어떻게 지낼까, 딸아이는 용돈이 모자라지나 않을까, 내가 잘못한 일은 무엇이었는지……. 모두 지루한 자기 연민에 빠져 있었지.

좀 다른 것을 기대했는데 이런 모습에 나는 질려버렸어. 더 이상 듣고 싶지 않았어. 하필이면 크리스마스 트리를 마주하고 무엇이 잘못되었는지를 따져야 할 건 뭐람? 무엇 때문에 와인 잔을 들고 신세한탄을 해야 하는 거지? 싱글을 위한 크리스마스 파티가 모두 그런 것은 아닐 텐데, 하여튼 내가 경험한 파티는 기대 이하였어. 자정도 안 되어 나는 다시 내가 선택한 '주거지'로 기어들어왔지. 기분이 이상했어. 내가 그렇게 원했던 자유와 독립을 누리고 있는데, 이토록 허전한 기분이 드는 건 왜일까? 내가 무엇을 원했던 거지?

그동안 내가 얼마나 다른 사람들의 고통을 백안시했는지……. 나는 나만이 옳다고 생각했고, 다른 사람의 고통은 나와 전혀 무관하다고 생각하면서 어느 날 나도 똑같은 처지에 처하게 되리라는 것을 알지 못했어.

실베스터 축제

1994년 마지막 날

나는 마드리드에 체류하느라 비어 있는 친구네 집에서 홀로 휴일을 보내고 있다. 나는 그럭저럭 지내고 있다. 당황스러울 정도로 단순한 고독을 즐기며…… 생활하는 데 필요한 것은 별로 많지 않다. 아무런 방해도 없이, 홀로 있는 고독하고 조용한 시간에 이따금 불쏘시개 같은 감정들만이 나의 계산 빠른 머릿속을 표류한다.

내게서 떠나간 남편은 시시각각으로 전화를 한다. 자정 무렵 내가 원하는 것은 외적인 자유만이 아니며, 나를 힘들게 하는 것은 남편이 아니라 나 자신일는지도 모른다는 생각이 들었다. 그렇게 혼자 내 영혼의 냄비를 들쑤셔보면서 나는 놀라운 것을 발견했다. 나는 남편에게 전화를 걸어 내일 오후에 집에 가서 저녁 때까지 있겠다고 약속을 했다.

남편을 만나러 가는 길에 눈이 많이 왔어. 근래 두 달 동안 나는 집에 있었던 적이 거의 없었지. 남편은 어떤 모습일까? 우리 집은 잘 있을까? 나는 설레는 마음으로 초인종을 눌렀어. 커다란 갈색 눈의 남자가 내게 파란색과 하얀색의 줄무늬 소파에 앉으라고 권했지. 얼마나 그리워하던 소파였는지! 우리는 이런저런 이야기를 나누었어. 나는 남편에게 내가 손수 만든 사랑스러운 크리스마스 카드를 내밀었어. 크리스마스 카드에는 '하지만 우리는 언제나 무슨 일이든 함께할 수 있었다!'라고 적었지. 그리고 뒷면에는 《브리기테》지에 실린 별점을 옮겨놓았어.

의식적으로 자신에게 맞는 것을 찾게 될 것이다. (…) 이제 다른 사람에 대해 영향력을 행사하며 (…) 개인적인 삶의 스타일을 찾고, 그 스타일은 편안하고 자유와 안정을 선사할 것이다. 11월은 사랑과 에로스가 넘쳐흐르는 달! 흥분으로 가득 찬 아름다운 인생을 즐기게 될 것이다.

다시 자원해서 남편을 사랑하겠다고, 그리고 남편이 원할 때마다 종종 찾아오겠다고 하자 남편 눈에는 눈물이 그렁그렁 맺혔어. 하지만 아직은 시시콜콜하고 기분 나쁜 일상까지 남편과 나누고 싶지는 않았어. 우리는 어린아이들처럼 아주 행복하고 천진난만하게 서로를 껴안았지.

다행히 남편은 나의 선배와 내연의 관계에까지 이르지는 않았고, 나 역시 혼자 있는 것이 이제는 충분하다고 싶을 정도로 신물이 나 있었어. 에너지를 우리 둘에게 쏟을 수 있었지. 우리는 가벼운 마음으로 소파에 앉아 지나간 추억을 더듬었어. 그러면서 우리가 아직 서로를 사랑한다는 것을 확인할 수 있었어. 더 이상 무엇을 바라겠어?

새해 맞이

1995년을 시작하며

겨울날이 우리를 돕는 듯하다. 우리는 폭설로 거의 갇히다 시피 하고 있다. 하늘의 계시가 아닐까? 나는 이틀이 멀다 하고 남편과 함께 지낸다. 남편과 함께, 남편의 품에 서...... 우리는 젖 먹던 힘을 다해 서로를 사랑하고 생동감 넘치는 감정에 스스로를 맡긴다.

아이들은 코빼기도 보이지 않는다. 아이들은 주로 친구들

집에 가 있다. 아이들은 엄마 아빠가 하는 행동이 마음에 들지 않나보다. 어느 순간 아이들이 들어와 얼굴을 내밀었다. 하지만 머뭇거리는 표정들. 아이들은 엄마 아빠의 평화로운 모습을 그다지 신뢰하지 않는다. 몇 달 전부터 아이들은 엄마 아빠가 싸웠다 화해했다 하는 모습을 보아왔으니까. 티격태격하다가 화해하고, 힘겨루기를 하다가 화해하고……. 이제 다시 화해할 차례인가보다 생각할 것이다. 이제 우리는 머리채를 잡는 대신 계속 껴안고 누워 있다. 아이들이 어떻게 생각할까? 아이들은 우리의 끊임없는 감정의 시소 타기에 질려 있다. 그리하여 그들 역시 자신의 감정을 다스리느라 여념이 없다. 우리는 절대 간섭하지 않는다. 가능하면 점잖게 행동해야 한다. 부모답게…….

그렇게 우리는 다시 힘차게 서로 다른 호르몬의 멜로디에 맞추어 정신없이 춤을 추었어. 그러나 우리가 그렇게 하고 있다는 것을 몰랐지.

크리스마스의 트럼펫

1995년 크리스마스

우리는 전에 없이 소박하고 평화롭게 크리스마스를 맞았다. 마치 이것이 마지막 크리스마스인 것처럼. 우리는 충동적으로 서로에게 각자의 별자리에 해당하는 반지를 선물했다. 아들은 크리스마스 장식을 한 거실에서 드럼으로 펑크 스타일의 크리스마스 음악을 연주해주었다. 우리는 여전히 서로를 사랑하고 있다는 사실에 위로받고, 상대적으로 무난하게 보낸 일 년을 되돌아보며 기뻐했다. 이번 해 몇몇 사건 외에는 그런대로 사랑의 지저귐이 계속되었다. 종종 아들과의 난기류에 빠져들기는 했지만 말이다.

나는 아들에게 상당히 관대한데, 그것은 때로 남편을 화나게 한다. 남편은 질서를 잡고 통제하는 데 익숙하다. 하지만 이제 남편은 서서히 힘을 잃어가고 있다. 이것은 결국 늦든지 빠르든지 모든 가정에서 주어지는 남자의 운명이다. 이제 아들은 아버지에게 절대로 지지 않는다. 남편은 사춘기 아들의 공격에 상처받는다. 맙소사, 자기 아들도 마음대로 할 수 없는데 학생들은 어찌 다룰까?

나는 당시 남편이 자랑스러운 아버지답게 모범적으로 행동하기를 바랐어. 하지만 남편은 아들의 따귀를 때리려고 했어. 물론 사랑해서지. 나는 그때마다 격렬하게 끼어들었어. 그리고 거의 아이들 편을 들었어. 아들 편이었지. 나의 친정 엄마도 그랬거든. 친정 엄마는 이런 행동을 외할머니에게서 물려받았어. 배우자와의 관계가 좋지 않을 때 여자들을 위로하는 것은 대대로 아들들이었어. 그리하여 여자들은 남편에게 실망하면 아들들에게 더욱 열과 성을 다했지. 남자는 밖에서 활동하고 여자는 아무런 방해도 받지 않고 가정을 지배하는 것이 전형적인 가정의 모습이었으니까.

남편은 임박한 싸움을 회피하는 스타일이었어. 어린 시절에 그런 행동양식을 습득했지. 엄마와는 절대로 소동을 일으키지 않는 것 말이야. 하지만 나는 그의 엄마랑 달랐어. 나는 교묘한 심리작전으로 남편을 몰아세우고 신경이 곤두서는 말을 해댔어. 나는 내가 그렇게 하고 있다는 것을 알았고, 남편에게 절대로 우위에 설 기회를 주지 않았어. 또 나의 언어적 강점을 이용했어. 지고 있다는 느낌이 들면 머릿속이 하얗게 되어 완전히 공격적으로 나갔지. 남편은 이런 나를 보고 야비하다고 했어. 우리는 다시 살얼음판을 걸었지. 이런 상황에서 내가 실수를 저질렀어. 남편의 내면 세계를 두루 활보하면서 남편이 아직도 붙잡고 있는 잡동사니들을 치우고 새로이 정비하려 했던 거야. 나는 많은 날들을 남편을 재교육하려고 하면서 보냈지. 물론 남편은 나를 재교육하려고 했고……. 우리 둘 다 '당신이 달라진다면 훨씬 더 간단해질 텐데.'라고 생각했던 거야. 남편이 나를 가르치려고 하면 나는 격분했지. 그럴 때 내가 남편의 말을 끊어버리면 다시 남편이 격분하고 말이야.

상대방의 말을 더 잘 들어주고 더 귀 기울여주었어야 했을 텐데……. 우리의 태도 배후에는 우리가 자라온 불평등한 권력 관계가 깔려 있었어. 내가 아들 교육에 관대한 스타일이었다면 남편은 권위적이었지. 스스로도 그런 교육을 받고 자랐으니까 말이야. 나는 아이들을 엄하게 대해 억지로 말을 듣게 하기보다 스스로 깨닫게 하는 게 낫다고 생각했어. 하지만 남편의 견해는 달랐어. 남편은 '아버지의 말은 법이나 다름없다. 다 아들을 위해서 하는 말이니까.'라고 생각했어. 우리는 완전히 대조적인 양육관을 가지고 있었고, 우리가 각자의 부정적인 유년의 경험들과 이별해야 한다는 것을 알지 못했어.

이런 상황은 강력한 변화가 필요한 시점에 우리의 발목을 잡았어. 우리는 본질을 보지 못하고, 부수적인 것들에만 매달렸어. 하지만 연말 분위기에 휩싸인 채 어느 정도 참을 만한 나날을 보낼 수 있었어.

2부

전복기
1996-1997

나는 할 수 있어!

1996년 2월

한 통의 전화가 (겉보기에) 잠잠했던 세계를 깊은 나락으로 떨어뜨렸다. 아버지가 암인데 가망이 없다고 한다. 남동생의 전화는 나를 뒤흔들어놓았다. 나는 어찌할 바를 모르고 남편의 품에 안겨 울었다. 갑자기 아무것도 느낄 수가 없었다. 영혼이 마비되는 듯했다. 나는 곧 아버지에게 가야 했다. 왜, 왜 하필 남편과 아주 잘 지내고 있는 지금 이런 일이 일어난단 말인가? 나는 딸과 함께 아버지에게로 갔다. 오래전부터 이모 집에서 지내고 있는 친정 엄마는 가능하면 빨리 오겠다고 했다.

남동생은 나보다 먼저 와 있었다. 막내도 곧 올 것이다. 약속을 한 것은 아니지만, 위급한 경우에는 공통 유전자가 우리를 조종하는 듯하다. 우리는 서로가 필요한 때를 어려서부터 알고 있었다. 형제들과 함께하는 이 저녁은 어느 때보다 친밀하고 허심탄회한 시간이다. 우리는 아버지와 이렇게 가까웠던 적이 없었다. 아버지를 이보다 더 사랑했던 적이 없었다. 우리는 절망 속에서 서로를 안고 울고 흐느꼈다. 남동생 어깨에 머리를 기대고 있는 아버지의 모습은 내 마음 깊이 아로새겨졌다.

왜 운명이 우리에게 이런 아픔을 안기는지 나는 알지 못한다. 우리는 지난해에 많은 어려움을 겪었고 힘든 관계를 극복했다. 나는 헤어짐과 위기, 높음과 깊음을 경험했다. 그리고 나는 소중한 둥지로 되돌아왔다. 내가 태어난 가족에게, 또 내가 손수 이룬 가족에게······. 인생에서 중요한 것이 무엇인지 비로소 알 것 같다. 하지만 이제 아버지에게 아무런 희망도 없다니 이 무슨 말인가?

우리는 모두 괴로웠어. 우리 아들은 처음으로 불면증을 겪었지. 아들은 한밤중에 찻잔을 손에 들고 어두운 부엌에 우두커니 서서 텅 빈 거리를 응시하고 있었어. 아들의 마음속에 무슨 일이 일어나고 있는 것일까? 딸도 깊은 슬픔에 잠겼어. 딸은 외할아버지에게 손자 손녀를 안겨드리고 싶어 했지. 만감이 교차했어.

이 죽음의 소식에 어떻게 대처해야 할까? 나는 충분히 살았고 사랑했는가? 지금까지 살아온 삶에 만족할 수 있는가? 이 질문에 나는 그렇다고 대답했어.

한나, 당시 나는 아무 후회도 없었어. 나의 실수와 걱정거리로 사람들에게 상처를 주었다 해도 그때는 그 길밖에 없었어. 어떤 실수는 만회가 가능했고, 어떤 것들은 만회가 불가능했지. 나는 그렇게 삶을 배워야 했어. 이 시점에는 고뇌하고 반목할 여유가 없었어. 어려운 상황이 닥칠 때 사람들은 더 진실해지고, 본질적인 것이 무엇인지를 알게 되지.

아버지로 인한 충격으로 나의 신체는 예외적인 상황에 이르렀어. 뇌하수체는 최고 출력으로 일했고, 모든 세포에 폐경을 준비하라는 메시지를 전달했지. 하지만 나는 그에 대해 아무것도 알지 못했어.

아들은 밤늦도록 고뇌에 잠겼어. 아들은 삶의 무게를 이기지 못했어. 학교에서 받는 스트레스도, 인생 그 자체도……. 아들은 어른들의 무의미한 규범이나 규칙들을 결코 인정하려 하지 않았지. 아들은 아직 만들어지고 있는 나이였어. 이런 나이에 세계를 향해 소리 지르고 불의를 탄핵하는 것은 아주 정상적인 일이었지. 그 밤에 나는 내가 아들에게 영향을 끼칠 수 없는 존재라는 걸 뼈저리게 느꼈어. 내가 할 수 있는 일은 이제 끝났다는 것을. 이제 난 그의 인생을 지켜보기만 할 뿐, 이제부터는 삶이 그를 다듬어 나갈 차례였어. 나는 아들에게 걸림돌이 되지 말아야 하는 동시에, 아들의 앞길에 놓인 돌들도 치워주지 말아야 했어. 아들은 내게 주변 어른들에게 얼마나 실망했는지를 털어놓았어. 불순하고, 정직하지 못하고, 공허하고 닳아빠진 어른들! 특히 선생님에게 실망이 큰 것 같았어. 남편과도 종종 부딪치기는 하지만, 그래도 아들이 실망한 선생님과는 달리 남편은 부끄러울 것 없는 교육자라는 게 다행이라는 생각이 들었어.

한나, 사춘기와 갱년기는 닮은꼴이야. 사춘기에도 그렇듯 갱년기에도 지금까지 익숙했던 것과 이별을 해야 해. 앞으로 다가올 것들에 대한 공포와 불안을 경험하게 되지. 어미의 모이통에서 모이를 쪼아 먹던 병아리들에게는 저 밖의 세계가 차갑고 위험하게 여겨지고, 어미 닭에게는 병아리 없는 빈 알껍데기가 한층 삭막하고 불안하게 느껴지는 법이지. 둘 다 새로이 애착을 쏟을 곳을 찾아야 하지만, 이제 어디로 어떻게 가야 할 것인지를 아직 알지 못해.

내 경우 아버지의 생명이 위태롭다는 소식은 이런 생각을 재촉했어. 첫 번째 결산을 해야 했지. 나는 이 시점에서 아무것도 생각하고 싶지 않았고, 삶이 다시 정상적으로 진행되기만을 바랐어. 아이 때의 고해성사가 기억났어. 죄를 고백하면 신부님은 이제 충분히 참회했으니 다시 즐겁게 뛰어놀아도 좋다고 말해주었지. 그러나 갱년기의 삶에는 정해진 길이 있었고, 우리가 성숙해지는 데 필요한 무언가가 담겨 있었어.

알 수 없는 깊은 슬픔

1996년 3월

뭔가 이상하다. 나는 내 방에서만 지내고 싶다. 남편을 사랑함에도 불구하고 남편의 침대가 아닌 나의 침대에서만 자고 싶다. 나는 점점 슬퍼진다. 어떤 날은 실망하고 좌절한다. 그리고 다시금 희망의 함정에 빠진다.

종전까지 그럭저럭 의사소통이 잘 되었던 남편은 내가 그의 정신세계에 침입하려고 하자마자 궁지에 몰리는 듯한 느낌을 받는 것 같다. 남편은 내 질문에 제대로 대답하지 않고, 마음에 무거운 자물쇠를 채우고 있다. 어떻게 해야 하는 걸까? 나는 궁금한 걸 듣지 못하면 참지 못하는 성격이다. 감정과 관계된 질문에 남편은 자못 거부적이고 방어적인 태도로 상처 입은 아이처럼 반응하고 다른 사람에게 책임을 돌린다. 내게는 기회가 없다. 남편은 피차 마찬가지라고 한다. 남편은 침묵으로 비난한다. 어찌 그리 시어머니와 꼭 닮았는지 모르겠다. 그럴 때면 나는 거의 미칠 것 같아 고의적으로 남편의 폐부를 콕콕 찌르는 언어를 사용한다. 나는 남편이 무슨 반응을 보이기를 기대한다. 그렇지 않으면 답답해서 미칠 것 같다. 그런데 이상하게도 남편은 그런 나 앞에서 아무렇지도 않은 듯 무반응 상태로 일관할 수 있다. 내가 날뛰고 소리소리 지를수록 남편은 나를 완전히 정신병자 취급을 하고, 무관심한 태도로 나의 인내심을 시험한다. 얼마나 비참한 게임인지. 서너 달에 한 번씩 이런 발작이 거듭된다.

나는 무엇 때문인지 나를 꼭꼭 감쌌어. 평화로운 공생은 허물어졌고 우리는 대화가 불가능했어. 내 안에서 슬퍼하고 있는 것이 무엇인지 나 스스로도 알 수 없었어.

　나는 계속 불면증에 시달렸어. 새벽 두세 시 경이면 깨어났지. 해결되지 못한 관계의 회전목마가 희미한 이성을 통해 어른거렸어. 난 열이 확 올라 발을 침대 밖으로 내놓았어. 그리고 그러지 않아도 가벼운 이불을 들척였어. 정신은 곤두서서 나를 쉬지 못하게 만들었어. 내게 메시지를 전하려 했던 거지. 나의 지친 뇌 속에서 모든 것은 혼란스럽고 방향을 잃은 듯이 보였어. 남편의 방에는 빈 와인 잔들이 줄지어 놓여 있었어. 텔레비전은 뜨겁게 달구어져 있었고. 남편 역시 잠을 이루지 못했지.

　일과가 빡빡할 때는 좀 나았어. 하지만 관계의 갈등은 해결되지 않은 채 있었고, 남편은 아무것도 하지 않았지. 남편은 나처럼 해결이 필요하지 않았어. 하지만 내게는 친밀한 대화가 필요했어. 나는 신에게 버림받은 것 같았거든. 혼자라고 느껴졌지. 나는 남편이 자신의 감정을 명확하고 분명하게 표현해주기를 원했어. 남편은 객관적인 논쟁에서는 세계 선수권자라 해도 될 만큼인데, 감정적인 영역에서는 무능력하게 보였어. 나는 그 점을 계속 이야기했지.

한번은 이런 일이 있었어. 어느 날 아침에 남편이 내 방으로 오더니 나를 사랑스럽게 안아주면서 내 말에도 약간은 일리가 있다고 했어. 그러나 옳고 그른 것은 내게 중요하지 않았어. 그게 무슨 소용이겠어? 나는 남편이 우리의 서로 다른 의사소통 양식을 인식하기를 바랐어. 남편에게는 늘 옳고 그른 것만이 존재했지만, 나는 그뿐 아니라 다양한 감정적 뉘앙스도 중요했어.

한나! 우리 부부도 남녀 특유의 서로 다른 의사소통 양식을 구사했어. 남자와 여자의 의사소통 양식에 대해서는 심리학적으로 아주 많이 논의되고 연구되었지. 사실 여자들은 정보가 전달될 때 관계의 귀 또는 호소의 귀로 듣지. 그래서 남자가 "맥주가 없네."라고 하면 여자는 '오, 남편이 오늘 사무실에서 안 좋은 일이 있었나봐.'라고 생각하든가, '오, 이럴 수가! 내가 오늘 깜박 잊고 맥주를 사놓지 않았네.' 라고 생각하고 죄책감을 느껴.

나 역시 남편의 말에서 남편이 결코 말로 표현하지 않은 메시지를 들었어. 당시 나는 남편의 말을 곱씹으며 이런저런 해석을 하기를 좋아했지. 어쩌면 내가 불면증에 걸린 것도 당연한 일이야. 나는 미래의 일들에 대해 신경을 곤두세우고는, 들이닥친 슬픔에 제대로 대처하지 못했어.

혼돈

1996년 4월

우리는 다시 가까워졌다. 속으로는 계속 슬프지만 그것을 표현할 적절한 말이 없다. 나는 슬픔을 표현하는 걸 결코 배우지 않았기 때문이다.

아버지는 겉보기에는 전과 다름없이 씩씩하다. 엄마는 백방으로 뛰어다녀보지만 가망이 없다는 이야기만 들을 뿐이다. 전립선 암 말기라서 일 년을 넘기기 힘들 거라고 한다. 이미 거의 모든 장기로 전이되었는데 뇌에도 막 전이가 되었다고 한다. 우리는 깊은 충격을 받았다.

부모님의 부부 관계에도 해결되지 않은 문제들이 있다. 엄마의 미묘한 비난에 아버지는 우울한 눈길로 응답하고, 다음으로 이어지는 아버지의 격렬한 공격을 엄마는 죄죽은 듯이 참아낸다. 이런 일이 되풀이된다.

우리는 가족 여행을 계획했어. 형제들, 부모님, 남편, 나 이렇게 온 가족이 아버지의 옛 고향으로 여행을 갔지. 여행은 약간 힘들었어. 부모님은 끊임없이 다투셨지. 여행을 통해 부모님이 서로를 용서하고 화해하는 기회를 가질 수 있을 거라고 믿었는데, 모든 말들이 서로 어긋났어. 죄와 벌로 서로를 얽어매는 부모님이 갑자기 혐오스럽게 느껴졌어. 나는 이 여행을 통해 부부 관계에 대해 약간 더 성숙한 시각을 갖게 되었지.

다행히 남자 형제들하고는 더 가까워졌어. 우리는 퍼즐을 맞추는 것처럼 어린 날의 추억들을 쉴 새 없이 꿰어 맞추었고 자정이 넘어서까지 이야기를 나누었지. 아침엔 우리가 옛날에 좋아했던 버터 빵을 어릴 때처럼 갉아먹었고, 저녁에는 아버지가 직장에서 가져다주시곤 했던 햄 빵에 붉은 와인을 곁들였어. 우리는 어렸을 때처럼 아주 친해졌지. 무의식적으로 우리를 묶어주는 의식에 더욱 집중했고, 관계의 끈을 튼튼히 하고자 했어.

남편은 의사소통을 더 잘하기 위해 진심으로 노력했어. 우리는 집으로 돌아와 우리에게 다가온 위험한 나이에 대해 많은 이야기를 나누었어. 이제 2~3년 후면 남편은 50대가 될 거야. 아이들은 제 갈 길을 가겠지. 아들은 기술을 배우겠다고 했고, 딸은 회사 지점장이 되고 싶어 했어. 딸은 내심 가정을 꾸리고 싶어 했지만 남자친구가 학교를 끝마치지 않은 상태라 아직 불가능했어. 나는 딸의 마음을 이해할 수 있었어.

이때쯤 나에게서 또 하나의 변화가 나타났어. 갑자기 기대고 의지하고 싶은 마음이 굴뚝같아진 거야. 바로 직전까지는 독립적이고 내적으로 자유로워진 내가 자랑스러웠는데 말이야. 그런데 이제는 안정감을 느끼고 싶고, 별로 욕심이 없어졌어. 아버지가 암으로 고생을 하시는 것 때문에 시각이 변한 것일까? 온 세계가 온통 혼돈 속에 있는 것 같았어. 결혼생활, 가족, 우정…….

이 모든 것이 와해되고 있는 것 같았지. 그리고 그 중심에 도움을 바라는 인간, 바로 내가 서 있었어.

나는 원한다!

1996년 5월 초

어제 나는 분노 테스트를 했다. 그랬더니 대부분의 부정적인 점수가 공격성 부분에서 나왔다. 나는 깜짝 놀랐다. 내가 그렇게 공격 지향적이란 말인가? 그러나 공격 지향적인 성격을 판가름하는 질문 또한 멍청하다.

"당신 앞에 자동차가 긴 줄로 늘어서 있습니다. 당신은 생각합니다. 대답 A: 저 앞에 공사를 하고 있나 보군. 대답 B:

저 앞에 느림보 자동차 한 대가 있나봐. 그 자동차가 모두를 정체시키고 있어."

나는 A라고 답한다. 그리고 공격성에 추가점을 얻는다. 왜? 정말이지 이런 문제를 낸 심리학자들 머리가 약간 이상한 게 아닌가? 그러나 한편으로는 내가 공격적이라는 것을 인정한다. 그것이 나의 약점이다. 나는 모든 것을 즉석에서 — 때로는 약간 거칠게 — 해결해야 한다고 믿는다. 단번에 해결되지 않으면 참지 못한다. 때때로 정말 더 여유를 가져야 할 텐데 말이다.

아버지에게 시간이 얼마나 더 남은 걸까? 봄이 온다. 파리들이 창가에서 무례하게 윙윙댄다. 고양이는 문 앞에서 야옹거리며 서 있다. 부드러운 공기가 정서를 고요하게 가다듬는다. 삶은 부단히 계속된다.

나는 아버지의 허물어짐을 느끼고 있다. 아버지는 더 약해지고 작고 무기력해졌다. 아버지의 숱 많은 머리카락은 더 희어지고 매끈하던 얼굴에는 깊게 주름이 파였다. 아버지를 보면 가슴이 뜨거워진다. 이런 마음은 나의 가족들에게도 적용된다. 새삼 내 옆에 있는 남편이 내가 오래전부터 사랑해왔고 함께 늙어가고 싶은 사람임을 깨닫게 된다. 모난 점까지 친숙한 사람. 이제 그 모난 점에 좀더 태연하게 대처해야겠다.

그러나 한나, 이런 깨달음은 오래 지속되지 않았어. 그리고 나는 피임약 복용을 중단했어. 무엇을 위해서 먹는단 말이야? 우리가 함께 누워 있는 몇 번 안 되는 일을 위해서? 나는 다시 나 자신으로 돌아가 있었어. 상처받기 쉬운 사람이 되어 있었지. 왜 그랬는지는 몰라. 이별에 대한 생각이 살그머니 나의 가슴으로 들어와 있었어.

나는 '남편이 알아서 피임하겠지.' 라고 생각했고 남편은 실제로 그렇게 했어. 그러나 남편의 그런 행동이 전혀 좋게 보이지 않았어. 나는 늘 아이를 하나 더 낳고 싶다는 생각을 하고 있었거든. 언제나 셋을 원했지.

불확실한 동경의 물결이 나를 휘감았어. 나는 40대 중반이었어. 그리고 사랑하고 보호할 무엇인가가 필요했지. 아버지가 돌아가시면 내 마음을 쏟아 부을 갓난아기를 팔에 안고 싶었어. 갓 태어나 얼굴에 뭐가 돋아난 아기의 귀여운 모습이 나의 마음을 사로잡았지. 계속 모성애만 느껴졌어.

    그래서 나는 소망으로 한 발짝 다가갔어. 있는 힘을 다해 남편을 매일매일 유혹했지. 지금까지 나는 늘 모든 것을 해냈어. 이번에도 안 될 게 뭐람? 나의 교만은 다시금 발작을 시작했어. 나는 늘 내 삶을 주관하고 내 육체를 지배할 수 있다고 믿었어. 폐경 직전의 여성이 임신에 대한 절박한 소망을 느끼는 경우가 종종 있다고 하더군. 어떤 경우는 임신에 성공을 하고, 어떤 경우는 그러지 못한대.

새로운 시작의 길

1996년 5월 중순

"정말 축하해요! 한참 진행 중이군요! 아무것도 못 느꼈어요?" 나의 단골 산부인과 의사는 내게 호르몬 수치를 알려주며 이렇게 인사했다. 3월부터 나에게는 월경이 없다! 나는 그 말을 믿지 못했다. 임신이 되었다고? 남편은 내가 임신하지 않도록 부지런히 조치를 취해왔는데....... 그러나 그건 나의 오해였다. "당신은 갱년기 한가운데에 있어요! 뭔가 눈에 띄는 증상을 못 느꼈나요?" 나는 깜짝 놀랐다. 갱년기라고? 내가? "무슨 증상을 말씀하시는 거죠?" "네, 그저 전형적인 것들이죠." "전형적인 것들이 대체 뭔데요?"
의사는 갱년기의 증상을 줄줄이 대었다. 우울, 신경과민, 짜증, 의욕 상실, 피곤, 공격성, 불면증, 발한, 변덕…….
나는 이해가 되질 않았다. 갱년기가 그런 것인가? 나는 그렇지 않다. 그런 증상이 없다. 기껏해야 다른 증상들뿐. "견디시기 힘들면 호르몬제를 나드릴게요. 갱년기 장애로 공연히 고생하실 필요 없어요." "아니! 됐어요!" 나는 벌떡 일어나 나왔다.
집에서 나는 아무 말도 하지 않았다. 두 시간쯤 그렇게 참았다. 그러다가 남편 앞에서 이렇게 웅얼거렸다. "그게 표시가 나요?" "뭐가 표시 난다고?" "내가 갱년기 한가운데에 있는 거!" 남편은 환하게 웃더니 곰 같은 팔로 나를 껴안았다. "이제 더 이상 임신이 안 되겠군." 나는 내심 놀랐다.

한나, 난 정말 깜짝 놀랐어. 그 어느 때보다 많이 놀랐지. 나는 어느 때 폐경을 맞을 것인지 스스로 정하고 싶었는데 말이야. 물론 사람들에겐 더 이상 아이를 원하지 않는다고 말해왔지만 사실은 그렇지 않았던 거야. 어째서 내가 내 몸을 맘대로 하지 못하지? 내 몸은 어째서 내가 원하지 않는 것을 하는 거지? 그것은 마치 몰래 찾아든 중병처럼 끔찍했어. 내가 결정할 수 있는 것은 아무것도 없는 거야.

나중에 의사는 나는 예외적인 경우라고 말했어. 나처럼 단번에 월경이 끊기는 경우는 드물다는 거야. 대부분의 경우에는 월경이 완전히 끊길 때까지 생리 양이 들쑥날쑥하고, 월경을 건너뛰기도 하고 주기가 벌어진다거나 하는 등의 증상이 나타난대. 폐경에 이르는 형태는 아주 다양해. 나는 갑자기 끊기는 스타일에 해당되었던 거지. 그랬어.

남편은 만일을 위해 계속 피임을 했어. 나는 그런 남편에게 몹시 화가 났지. 남편은 내가 갱년기에 있다는 걸 과히 신뢰하지 않았어. 나는 의사의 말이 틀리기를 바랐지. 어쨌든 갱년기에도 임신한 여자들이 있으니까 말이야. 하지만 배란 호르몬(여성 호르몬) 수치는 흔들림이 없었어. 그것은 이제는 더 이상 임신이 불가능하다고 분명하게 이야기하고 있었지. 신조차 가끔 틀리기도 하고 여러 테스트도 종종 부정확하고 의심스럽다고는 하지만 나의 결과는 너무나 뚜렷했어.

이제 새로운 시작으로 가는 전환점에 선 것이 분명해진 거야. 새로운 길은 다시 한 번 개선 행진을 시작했지. 아버지의 병을 알게 된 날로부터 나는 무의식적으로 나 자신에게 이르는 길에 접어들었던 거야. 이제 나는 강한 내적 갈등은 내분비 시스템에 커다란 영향을 끼치며, 그로써 호르몬 대사와 면역체계에 영향을 끼친다는 사실을 알고 있어.

"드디어 카운트다운이 시작되었습니다……." 라디오에선 시끌벅적하게 떠들어대었고 나는 휴식을 원했어. 우리 엄마는 내 딸을 데리고 가더니 이렇게 말했어. "그러니까 네 엄마가 이상한 행동을 하면 다 갱년기 때문이다. 너무 심각하게 받아들일 필요가 없어." 우리 엄마는 그렇게 내 편을 들어주었지.

낯선 멜로디

1996년 6월

결혼 전선에 소나기 구름이 낌. 나의 기분은 계속 번개를 동반. 나를 거추장스럽게 하는 사람은 누구든지 박살낸다. 말은 나의 공격 무기. 나는 모든 사람을 납작코로 만들고 궁지로 몰아간다. 정말 참을 수 없다. 짜증과 공격이 번갈아 나타나고, 변덕과 무기력이 교차한다. 특히 남편 앞에서 표출된다. 남편은 대범하게 굴지만 골을 내는 일이 점점 잦아진다. 호르몬이 낯선 멜로디를 지휘한다. 우리가 미처 음표 하나도 파악하지 못한 멜로디다.

나는 당시 남편이 나로부터 휴식이 필요하다고 제멋대로 결론지었어. 내가 나의 사업을 다시 한 번 일으켜 세우느라 애쓰는 동안 남편은 자전거 타기에 열을 올리고 있었지. 나는 흔들리지 않고 내 일에 꽉 매달려 있었어. 너무 사로잡힌 나머지 내 사업이 상당히 오래전부터 폭풍우에 휘말려 있다는 걸 계속 무시했어. 나는 마지막으로 가게에 투자를 했어. 부모님과 남편은 화를 냈지. 그 직후 나는 남편과 단둘이 여행을 가면 좋겠다고 생각했어. 우리 사랑의 바로미터는 단둘이 있을 때 여지없이 상승하곤 했거든.

분주한 일상은 우리를 점점 더 지치게 만들었어. 남편은 직장과 운동에 집중했고, 나는 나의 일과 아이들, 결혼생활, 우정, 운동, 자원봉사 활동, 기분 전환거리에 몰두했어. 계속 내 주위를 맴도는 남자들도 있었어. 처음으로 내가 욕망의 대상이 되고 구애의 대상이 된다는 자체로 기분이 좋았지. 다른 생각을 할 시간은 별로 없었어. 생각이라도 할라치면 생각은 천 가지 방향으로 흘렀거든. 그래서 나를 돌아보지 못했어.

남편의 직업은 남편을 녹초로 만들었어. 나의 일 역시 내 정신을 쏙 빼놓았지. 회색빛 일상이 다채로운 나날을 점점 먹어 들어갔고, 우리만을 위해 시간을 붙잡아두는 건 불가능했어. 아이들은 갑자기 다 커버린 것 같았어. 아이들은 이제 우리를 그다지 필요로 하지 않았어. 딸은 대학에 들어간 이후 독립해 있었고, 초록색으로 물들인 머리를 곤두세우고 다니는 아들은 한창 사춘기를 겪고 있었지. 외모가 튄다고 거리에서 체포해갈 경찰도 없었고, 음악 소리가 시끄럽다고 우리 집까지 따라와서 따지는 이웃도 없었어. 모든 것은 그 전이나 별 다를 바가 없었어. 여전히 나는 부부 관계에 대한 이상을 품고 있었어. 하지만 그것은 산산조각이 나버렸어. 나는 사사건건 부딪치기 좋아하고 날카로워졌지. 나의 나쁜 면을 표출하고 싶었어.

또 나의 여성적인 감정 이입 능력을 발휘하는 게 지긋지긋해졌어. 나는 늘 남편의 입장이 되어 남편의 기분을 이해하려고 끊임없이 노력해야 했지. 그런데 남편은 내 입장이 되어 보았나?

왜 늘 나 혼자 가족들에게 전전긍긍해야 하는 거지? 나의 가족일 뿐 아니라 남편의 가족이기도 한데 말이야. 계속 상냥하게 굴어야 하는 것이 짜증났어. 하지만 남편이 집안일을 돕도록 하려면 그렇게 할 수밖에 없었어. 내가 사랑스럽게 주문을 하면 남편은 몇 가지 일을 떠맡았거든. 그러나 그러지 않을 경우에는 먹혀들지 않았어.

나는 또한 끝없는 뒤치다꺼리에 질려 있었어. 특히 남편의 뒤치다꺼리를 하는 것에 말이야. 갑자기 아이 하나를 다리에 매달고 다니는 듯한 느낌이 밀려왔어. 나는 그런 다 큰 아이는 원하지 않았거든. 정말이지 어린애에게 하듯 다 큰 남자의 눈에서 그가 원하는 것들을 읽어내고 싶은 마음이 조금도 없었어! 우리 아들처럼 소동을 피우고 반항하고 싶은 충동이 일었지. 정말 시끄럽게 한번 '대판' 벌이고 싶었어.

그러나 대신 세무서에서 공격을 해왔어. 많은 세금이 매겨졌지. 남편은 자전거를 타고 네덜란드에 사는 친구들을 찾아가겠다고 했어. 내가 며칠 후 데리러 가겠다고 약속했지만 가고 싶지 않았어. 그냥 가기가 싫었어. 그래, 될 대로 되라! 내 안에 호르몬의 폭풍이 몰아쳤어. 나는 오래된 장애물을 향해 도움닫기를 시도했고, 새로운 실수를 저질렀어. 나는 다시 대화에 굶주려 있었지. 내게 파란 하늘을 약속하는 말들에, 안개처럼 나를 둘러 내 생각을 베일로 가리는 말, 말, 말들……. 친구들은 연인을 사귀고 있었어.

동경

1996년 7월

작열하는 에로틱한 환상들이 나의 차가운 이성을 녹인다. 뒤늦게 찾아온 여름 느낌이 나의 냉랭한 가슴을 압도하고 내 영혼을 찢는다. 나는 갈기갈기 찢긴 채 휘청거리며 서 있다. 멀리서 다가온 남자는 내게 실망만 안겨준다. 나는 '더 이상 말만 번지르르한 남자들에게 속아 넘어가지 않을 테다.'라고 되뇐다!

잘 모르는 여자가 남편과 은밀히 만나고 있다. 확증은 없지만 예감할 수 있다. 나는 조용히 다음번 도피를 계획하고 있다. 나는 결국 내가 원하는 것이 무엇인지를 안다. 나는 독립된 공간에서 혼자 살고 싶다. 이제껏 한 번도 나 자신만의 공간에서 살아본 적이 없다. 부모님 집에서 살다가 이른 나이에 결혼해 여기까지 왔다. 나는 나의 두 다리로 굳게 서고 싶다! 정말로 독립하고 싶다! 자유를 찾고 싶다!

나, 그리고 나……. '나'라는 단어가 머릿속에서 어지럽게 빙빙 돌고 있었어. 내 영혼은 외로웠어. 마치 마비되어버린 것 같았지. 어떤 때는 나 스스로를 이해하지 못했어. 잠이 오지 않는 밤이면 나는 조용히 일어났어. 형언할 수 없는 동경이 나를 깨웠지. 나는 파란 꽃무늬 상자 속에 담긴 옛날 사진들을 꺼내 보았어. 그리고 아버지의 스냅 사진을 오려 아버지의 얼굴을 내 거울에 붙여놓았지. 아버지가 나를 사랑했던가?

그리고 나는 나만이 알 수 있는 비유들을 사용해 남편에게 뜨거운 사랑의 편지를 썼어. 남편이 나를 진정으로 사랑했던가?

나는 또 내 마음을 느끼기 위해 시를 지었어. 문장은 정말 힘들게 나왔지.

어두운 존재들이 내 가슴을 할퀸다.
그들의 불타는 손에는 노리갯감이 들려 있고
차갑고 위험한 눈길을 쏘아 보낸다.

나는 해야 한다!

1996년 8월

영롱한 아침 이슬과 아침 안개. 거미줄에 깃든 화창한 늦여름. 나는 내가 떠나야 한다는 것을 안다. 하지만 남편 곁에 이미 다른 여자가 있다는 것은 생각만 해도 참기 힘들다. 하지만 아무렇지도 않은 듯 행동한다. 우리는 서로를 신사적으로 대하고 있다. 몇몇 친구들은 그런 우리를 보며 놀라워한다. 사정을 아는 친구들은 우리의 사랑이 끝나는 것을 아쉬워한다. 우리가 헤어지는 것은 상상하기 힘들다고 한다. 친구들은 불멸의 사랑을 믿고 있는 것이다.

아이들은 덤덤하게 행동하고 있다. 그렇게 행동하려고 노력하는 듯하다. 나는 이달 말에 거처를 옮기려 한다. 그때까지는 이곳에 머물러야 한다. 나는 남편에게 우리의 멋진 테라스에서 만나자고 조심스럽게 제의했다. 그 말을 하기는 쉽지 않았다. 나는 테라스에 간단한 아침식사를 준비해놓았다. 그리고 와인과 산뜻한 애피타이저로 식탁을 장식했다.

"나는 당신에게 더 이상 재정적인 부담을 주고 싶지 않아요. 나 때문에 당신이 이미 오래전부터 힘들어하고 있다는 것도 잘 알아요. 당신을 내게서 해방시켜줄게요. 자유를 만끽해요. 나는 스스로 일어설 거예요."

그렇게 말하자 남편의 눈에 눈물이 약간 비쳤다. 그러나 그것은 내 마음을 더 이상 움직이지 못한다. 때늦은 눈물이다.

한나, 나는 가야만 했어. 그것은 무엇이라 표현할 수는 없지만 거역할 수 없는 부름 같았어. 나는 그 부름에 대항할 수 없었어.

그저 충실히 따를 뿐. 그리고 이 모든 일에 유종의 미를 거둘 것이라 확신했어.

나를 찾아서

1996년 9월

가슴에 가을이 온다.
영혼은 겨울을 위해 무장하고
봄의 노래를 웅얼거린다.
너는 경험하게 될 것이다.

나는 많은 것을 가져가지 않으려고 한다. 내가 애착을 갖고 있는 물건들 몇 가지면 충분하다. 엔틱 가구 몇 개, 책 몇 권과 그림 몇 점······. 남편과 나는 집에서는 가장 멀찌감치 떨어진 방을 꿰어차고 지낸다. 이 집은 내게 더 이상 중요하지 않다. 한동안 이 집은 나의 공허감을 채워주고 기분 전환하는 데 도움이 되었는데······. 나로 하여금 존재의 중심으로부터 눈을 돌리게 하는 데 말이다. 남편 역시 이 집에 미련을 갖지 않고 키스 한 번으로 흔쾌히 이 집을 놓아줄 것이다. 우리가 거실에서 마주칠 때면 남편은 계속 내게 호감을 표시한다.

남편은 평소보다 늦게 퇴근했어. 나는 왜 내 생각을 해주지 않는 거냐고, 언제나 나와 아이들에게 배려받기만을 원하지 않았느냐고 남편에게 대들었지. 내가 그런 말을 하며 대들자 남편은 얼음같이 차가운 눈빛으로 나를 바라보더군. 그 순간 나는 알았어. 내가 무엇을 원했던 것일까? 나는 남편이 나를 기다려주기를 바랐어. 남편이 나를 있는 그대로 받아주고, 계속 사랑해주기를 바랐어. 남편이 나 외에는 아무도 곁에 두지 않기를 원했어. 나는 다른 사람이 대신할 수 없는 사람이 되고 싶었어. 그저 나를 되찾기 위해 잠시 혼자 살아보고 싶었던 것인데…….

한나, 오늘 이 일기를 읽다보니 영혼 깊숙이 놓여 있던 시간들이 떠오르더군. 내가 막 일곱 살이 되었을 때 나는 코앞에 작은 왕자님이 앉아 있는 것을 보았어. 나는 남동생을 아주 좋아했지. 하지만 동생이 태어나면서 나는 갑자기 별로 중요하지 않은 존재가 되어버린 거야. 말하자면 한 등급 강등된 거지.

한나, 넌 내게 왜 그렇게 갑자기 모든 것을 의미 없이 망쳐버렸느냐고 물을지도 몰라. 나도 오랫동안 내가 왜 그렇게 했는지를 알지 못했어. 난 그저 반항하고 싶었어. 누군가 나의 이런 상태가 지금까지의 내 삶과 어떤 연관이 있는지를 설명해주었더라면 좋았을 텐데……. 나는 처음으로 사랑을 잃은 것에 대해 반항을 했어. 사랑하기를 중단한 사람은 바로 나였는데 말이야. 내게는 서서히 아물어야 할 어릴 적 상처가 있었어. 그것에 대해서는 앞으로 더 이야기할게.

당시 나는 남편과 전혀 생각을 나누지 않았어. 속으로는 답답하면서도 실제로는 뻔뻔하게 행동했지. 밤에는 울어서 눈이 퉁

통 부었어. 모든 것이 가슴 아팠어. 그저 빨리 이사하고 싶었어. 우리는 삐걱이는 계단에서 마주쳐 즉흥적으로 포옹을 했지. 남편은 나를 꽉 껴안았어. 그리고 둘 다 눈물을 흘렸지. 바닥은 위험하게 흔들렸어. 왜 이렇게 해야 하지? 그 순간 마치 깨달음의 번개를 맞은 것처럼 나는 내가 다시 돌아갈 수 있다는 것을 느꼈어. '나는 떠날 필요가 없다. 내가 정직하게 고백하면 모든 것은 다 잘 될 수 있다!' 필름을 되돌려 감을 수 있다면……. 그러면 예전의 일상으로 돌아갈 수 있을 텐데…….

남편은 계단 끄트머리에서 몸을 돌려 여느 때처럼 자전거를 타고 나가버렸어. 그를 위로하고 포옹해줄 다른 여자한테로 말이야. 그동안 나는 딸과 함께 가구들을 차에 실었지. 딸은 걱정스럽게 "엄마, 엄마가 원했던 일이잖아요. 그러니 이젠 더 이상 울지 말아요!"라고 말했어.

들어갈 집이 완성되지 않아 가구들은 창고에 쌓아놓은 상태였어. 하지만 상관없었어. 우선 나는 가게로 거처를 옮겼어. 외롭고 깜깜한 첫날 밤 나는 처음으로 우리의 사랑 이야기를 끼적거렸어. 제단을 만들고 초를 켜고는 젊은 시절의 사랑과 의식적으로 이별을 했지. 우리는 젊은 날 함께 자유를 누렸고 함께 행복을 계획했어. 손에 손을 잡고 함께 많은 어려움을 극복해왔어. 부모가 되어 함께 인생의 물결을 거슬렀고, 위기는 우리를 더욱 강하게 만들었지. 하지만 이번에 우리는 침몰했어.

다리는 부서졌고,

문은 봉쇄되었고,

염탐꾼은 탑 속으로 유배되었어.

그러나 나는 내 뒤에 남아 있었어. 이것이 가장 중요한 것이었어. 모든 게 끝났어. 이제 남편과 상관없는 삶이 펼쳐지겠지. 나는 준비된 사람이 되고자 했어. 내 안 깊숙한 곳에 자아가 놓여 있었어. 나는 자아를 거의 잃어버렸었는데, 이제 그것은 되살아나 뻗어 나가려고 했어. 그랬어.

내가 정말로 원하는 건

1996년 9월

"나는 할 수 있어! 나는 하고 싶어! 나는 해야 해!"
친구 한 명이 새빨간 립스틱으로 내 거울에 그렇게 써놓았다. 딸은 거기에 "엄마도 역시!"라고 써놓았다. 어떻게 된 일인지는 모르겠지만 내가 지금 돌이킬 수 없는 걸음을 내디뎠다는 사실만은 분명하다. 내가 저지른 일은 내가 의도했던 것이 아니었다. 그렇게 흘러가지는 말아야 했는데……. 아픔은 결국 진정될 것이다. 하지만 아직 그렇게 되지 않는다. 맙소사, 내가 무엇을 원한 거지? 사랑하는 하느님, 나를 불쌍히 여기소서.

아픔이 가슴을 갈래갈래 찢어놓는 듯하다. 내 속에 무엇이 그렇게 끊임없이 소요를 일으키고 쑤셔대는지……. 영혼의 아픔이 점점 시차를 좁혀 밀려온다. 살아보지 않은 삶이 가차 없이 길을 내단는다. 나는 어쩔 수 없이 삶이 내게서 무엇을 원하는지를 발견하게 될 것이다. 더 이상 되돌아갈 수 없다. 우리 집에 들어오겠다는 세입자가 나타나고 우리 집은 넘겨졌다. 한 단계가 처리된 것이다.

낮 동안의 일과는 굳어진 틀대로 진행되었어. 마음과는 상관없이 몸에 밴 대로 움직였지. 크리스마스가 다시 한 번 다가오고 있었어. 레스토랑은 여느 때처럼 제법 호황이었지. 우울에 잠겨 있을 시간이 별로 없었어. 밤에는 놀랍도록 잠을 잘 잤어. 그리고 새벽 여섯 시면 생기 있게 깨어났지. 나는 종달새가 되었고 젖 먹던 힘을 내어 일했어. 모든 힘과 정성을 나의 작은 가게에 쏟았지. '커리어는 이런 식으로 만들어지는구나.' 라고 생각하면서 말이야. 직업적인 성공은 고통스러운 상황과는 상관없이 진행될 수도 있다는 것이 흥미로워. '남자들이 이런 식으로 성공하는구나.' 이제 나도 그렇게 할 수 있을 것 같았어.

저녁에는 안도의 한숨을 쉬며 나를 보호해주는 굴 속으로 기어 들어갔어. 나는 시중에 나와 있는 부부 관계 조언서들을 모조리 읽었어. 심리학 책도 닥치는 대로 읽었지. 어떤 책에는 의자에 다른 사람이 앉으려면 우선 의자가 비워져야 한다고 씌어 있었어. 그 글을 읽으며 나는 허무감에 빠져들었지. 남편의 가슴은 벌써 다른 사람이 점유하고 있었어. 내 자리는 깨끗이 치워진 건가? 내가 떠나서? 나는 이미 떠나버린 남자에게 불필요하게 집착하고 있는 것인가?

부부 관계에 대한 조언서들을 통해 나는 이론적으로 우리에게 무엇이 잘못되었는지 알고 있었어. 하지만 아픔은 그대로 남았어. 책에는 아픔으로 성숙하고 성장해 다음에 다가올 관계에 더 잘 대비할 수 있다고 쓰여 있었어. 하지만 나는 다른 남자와의 다음 사랑을 찾고 싶지 않았어. 형언할 수 없는 아픔이 나를 사로잡았고, 머리를 벽에다 처박은 채 아무것도 느끼지 않고 싶을 정도였지.

또 다른 책에는 헤어짐은 사춘기를 다시 겪는 것과 같다고 나와 있었어. 영원히 재결합되기 위해 실험하고 발견하는 것은 좋은 경험이 될 거라고 말이야. 남편은 실험하는 데 열심이었어. 나는? 나는 갑자기 그러고 싶지가 않았어. 이제 마음대로 할 수 있는 시점에 이르니 의욕이 사라져버렸던 거야. 나는 구속받고 싶지 않았고, 동시에 실험하고 싶지도 않았어. 낯선 남자들의 정신을 섭렵하는 것에도 신물이 났지.

대신 나는 자신 속으로 깊이 침잠했어. 매일 밤 나는 남편을 그리워했지. 하지만 구체적으로 상상하려고 하면 굳은 얼굴에 공허한 눈을 하고는 "나는 그녀를 사랑하는 것 같아. 그녀와 함께하고 싶어!"라고 말하는 남편의 차가운 목소리만이 귀에 울릴 뿐이었어. 그러면 나의 외로운 영혼은 하염없이 눈물을 흘렸지. 나는 처음으로 무엇인가가 유년 시절과 연관되어 있다는 것을 느꼈어.

한나, 당시 나는 갈래갈래 찢긴 듯한 느낌이었어. 한없는 절망

속에서 무엇이 사실이었고, 무엇이 잘못되었는지 손가락이 아프게 써내려갔어. 눈물의 일기장은 끝없이 이어졌지. 나는 어두운 시들을 지으며 슬픈 음악에 빠져들었어. 음악은 내 안에 숨어 있는 찌꺼기를 배출시키고 나를 정화시키는 것 같았어.

나는 그렇게 괴로워했는데도 정신이 돌지 않았고, 그렇게 가슴이 찢어지는 것 같았는데도 죽지 않았어. 왜 그랬을까? 나의 가슴은 어찌하여 그렇게 많은 아픔을 참았을까? 나는 정말 열정적으로 괴로워했어. 거의 즐기듯이 밤의 고통에 탐닉했지. 고통과 괴로움의 한복판에서 계속 남편을 떠올렸어. 나는 예전에 행복을 알았고, 이제 그 이면을 알 차례였던 거야.

친구들은 나를 밖으로 불러내려고 노력했어. 하지만 성공하지 못했지. 나는 홀로 가을의 낙엽 지는 숲을 헤매었어. 신들린 사람처럼 습한 낙엽 냄새를 흡입했지. 이 계절은 내게 어울렸어. 나는 시들어갔어. 내 안의 무엇인가가 끊임없이 죽어가고 있었지. 체력은 날로 감퇴되고 숨은 얕아져갔고. 나는 혼자 있고 싶은 마음뿐이었어. 아무도 위로가 되지 않았어. 나는 죽을 준비가 되어 있었어.

다시 산부인과 의사를 찾았지만 별다른 것은 없었어. 나는 여전히 갱년기였고, 계속되는 호르몬의 춤이 예상되었지. 나는 의사에게 남편과 헤어졌다고 말했어. 그러자 의사는 지내기 불편하면 호르몬제를 복용하라고 말했어. "아니 됐어요!" 나는 내 문제가 무엇인지 알고 있었어. 지난 여름에 석 달 간 호르몬제를 복용해봤지만 더 행복하지도 만족스럽지도 않았어.

의사의 말처럼 발한증이나 얼굴이 달아오르는 증상은 없었어. 침대 속에 있으면 종종 덥기도 했지만 그것은 예나 지금이나 마찬가지였어. 감정의 동요도 느껴졌지만 그거야 나의 원래 성격 때문이었고……. 머리카락은 몇 달 전부터 부쩍 빠지기 시작했어. 하지만 다행히 머리숱은 아직도 많았지. 털 많은 다리는 오래 전부터 계속 면도해왔고, 입술과 턱에는 아직도 햇빛을 받으면 밝고 가벼운 솜털이 보였지. 이 모든 것이 갱년기 증상에 속하는 것이라면 나는 그런 증상과 더불어 문제없이 살 수 있었어.

그 밖에는? 한 가지, 내가 전혀 성욕을 느끼지 못하는 현상이 나타났다는 거야. 하지만 나의 리비도가 전혀 기능을 거부하고 있지는 않았어. 단지 다른 남자를 원하지 않을 뿐……. 나는 원래의 남편을 원하고 있었어. 그리고 그것이 내게 상처가 되는 부분이었어. 이 상처는 생각하면 생각할수록 더욱 심하게 후끈거렸지. 하지만 나는 어떻게도 할 수 없었어. 남편과 남편의 감정에 그 어떤 영향도 끼칠 수 없었으니까. 쓰디쓴 시간이 시작된 것이었어.

우리는 만나서 함께 식사를 하기로 했어. 남편이 나를 데리러 왔지. 나는 섹시해 보이는 검정 실크 블라우스를 입었어. 하지만 남편은 내게 거의 눈길을 주지 않았어. 나는 남편을 포옹하며 왜 이렇게 막대기처럼 뻣뻣하냐고 말했지. 우리는 레스토랑에 갔어. 나는 허심탄회하게 이런저런 말들을 하면서 무엇보다 앞으로의 우리 관계에 대해 내가 어떻게 생각하는지를 이야기했지. 다시 아름다운 것들을 나누며 회색 일상을 내쫓을 수 있을 거라고 말이야. 그때 남편이 내 말을 끊었어.

"나는 다른 여자와 함께 그런 미래를 나눌 생각이야."

나는 독거미에 쏘인 듯 포크를 떨어뜨렸어. 그때부터 음식을 한 입도 넘길 수가 없었어. 뜨거운 눈물이 나의 작아진 얼굴을 타고 흘러내렸어. 그럴 수는 없어! 그가 그렇게 빨리 다른 여자를 사랑할 수는 없어! 사랑은 차츰 성숙되는 것인데! 사랑은 하루아침에 생겨나는 것이 아닌데! 아니면 하루아침에 생겨날 수도 있는 것인가?

나는 힘도 없고 기댈 데도 없고 빠져나갈 구멍도 없는 사람처럼 느껴졌어. 이제 내 차례였어. 더 이상 사랑하지 않는다는 말을 들을 때 어떤 느낌인지를 뼈저리게 맛보아야 했어. 그동안 내가 얼마나 자주 남편을 사랑받지 못하는 남자로 만들었는지……. 나는 내가 먼저 사랑을 배반했다는 것을 알았어. 마치 맨발로 지옥에 들어갈 것을 요구받은 것 같은 느낌이었지. 차 안에서 나는 계속 훌쩍였어. 남편은 말없이 내 손을 잡더군. 그 이상은 아니었어. "몸조심해요……." 나는 헤어지면서 그렇게 말했어.

나의 남편과 다른 여자? 안 돼, 그럴 리가 없어! 남편은 나만의 것인데……. 다른 여자가 그를 가질 수는 없었어. 어떤 여자도 그를 만지거나 손을 대어서는 안 돼! 나는 상상할 수 없었어. 안 되는 일은 안 되는 것이야. 그는 나의 것이고, 나는 그의 것이니까. 헤어지느니 차라리 함께 죽는 게 낫다는 걸 남편은 모르는 걸까?

나는 멍해진 느낌이었어. 내가 전에 그렇게 가벼운 마음으로 자초했던 일이 이제 정말로 현실이 되고 있다는 걸 인정하고 싶지 않았어.

싱글이 되는 건 쉽지 않은 일

1996년 10월

귀 기울여 들으면, 내 주변에서 떠나는 자들과 남는 자들이 종종 오래된 노래를 부른다. 이제 그 사람과는 안 돼……. 하지만 그 사람을 떠나도 별수가 없네……. 남자들은 도피하듯이 새로운 사랑으로 빠져든다. 어떤 여자가 자신의 품 안에 누워 있든 별 상관이 없다. 한 여자가 안 되면 다른 여자가 된다. 중요한 것은 상처를 치유받는 것이다. 그들은 부

질없는 일을 하고 있다는 걸 알면서도 그렇게 한다. 그저 고독을 참지 못해서……. 그러나 이유가 그것뿐일까? 나는 그 이유를 알고 싶다. 나는 결국 알게 될 것이다!

많은 남자들이 부리나케 여자를 바꾸었지. 그러나 여전히 별다를 게 없었어. 같은 실수를 두 번, 때로는 세 번 반복했지. 대부분은 중간 결산을 할 만한 힘이 없었어. 새로운 여자는 떠나보낸 여자보다 아주 잠시 동안만 더 매력 있게 비쳐질 따름이었지. 나는 이런 말들을 들으면서 당황스러웠어. 그 이유를 알고 싶었지. 기존의 파트너와는 더 이상 불가능한 일을 새로운 파트너와 할 수 있는 건 분명했어. 하지만 시간이 지나면 새 파트너도 별 다를 게 없어지지. 몇몇 남자들은 아주 뻔뻔하게 섹스는 일시적인 위로만을 가져다줄 뿐이라고 말했어. 정열은 생각보다 더 빨리 시들게 돼. 그가 다른 여자랑 침대에 누워 있을 때마다 항상 전처의 그림자가 아른거리지. 그리고 "당신의 아내는 왜 당신한테서 그렇게 많은 돈을 가져가요?"라고 물을 때 이미 그 여자는 남자의 짐이 되기 시작하는 거야. 이런 말들은 당시 나를 깜짝 놀라게 했어.

헤어짐의 원인은 대부분 제어되지 않는 분노였어. 드물지만 함께 상담을 통해 해결을 모색하는 커플들이 있었어. 그리고 드물게는 중재하에 서로 좋은 감정으로 헤어지는 경우도 있었지.

나는 그런 생각들을 하느라 새벽마다 정신적으로 고통스러웠어. 위장도 반항을 했지. 음식을 전혀 먹을 수가 없어서, 녹차와 아몬드 초콜릿으로 연명했어. 거울 속 내 모습은 예전 모습을 잃고 있었지. 흰머리는 더욱 늘어나고 화장을 해도 소용이 없었어. 눈은 퀭하니 들어가고, 도톰했던 입술은 형편없이 쭈글쭈글해졌지. 가슴은 점점 작아지고 말이야.

나는 딸에게서 편지를 받고 언어로 표현되지 않은 행간을 읽어내려 노력했어. 남편은 안정기에 접어든 것 같더군. 다른 여자와 잘 지내고 있는 것 같았고 상처들을 잊어가는 것 같았어. 회복, 긴장 이완, 자극, 새로움, 고향을 갈구하는 마음……. 이런 것들이 남편으로 하여금 그 여자에게 충실하게 머물러 있도록 했고, 우리 부부 사이에 일어난 일을 직시하는 것을 막았어. 호르몬 과다 분비는 결국 그 어디든 흘러들 곳이 필요했지.

내 남편이 아니었다면 나는 좀더 이해심을 발휘할 수 있었을 거야, 한나. 하지만 그럴 수 없었어. 나는 아들에게서 남편이 거의 집에 붙어 있지 않고 대개 새벽 동틀 녘이 되어서야 들어온다는 사실을 들었어. 아들은 아버지에게 무척이나 화가 나 있었고, 집에서 거의 내 몫을 대신하고 있었어. 아버지를 욕하는 소리는 듣기 좋았지만, 아이들이 이런 불공정한 게임에 끼어드는 것은 그리 좋은 일이 아니라는 생각이 들었어.

아들의 분노는 내게 출발 신호와 같았어. 이제 내 속에서 분노가 뚜렷한 방향으로 걷잡을 수 없이 요동쳤어. 내가 가지지 못한 무엇을 '그 여자'는 가지고 있단 말인가? 그 여자가 어떻게 감히 나를 대신할 수 있었단 말인가? 남편을 그 무엇보다 사랑했고 언제나 남편만을 원했던 나를, 대화하기 위해 그를 원했고, 사랑하기 위해 그를 원했고, 아이들을 위해 그를 원했고, 기대고 꿈꾸고 쉬기 위해 그를 원했고, 내가 삶에서 가져보지 못한 모든 것을 위해 그만을 원했던 단 하나밖에 없는 여자인 나를 그 누가 대신할 수 있단 말이지?

아니면 내가 했던 것은 사랑이 아니었나?

아, 한나! 내가 사랑이라고 여겼던 것은 얼마나 유치하고 성숙하지 못한 것이었는지! 나는 아주 은밀히 감정의 격동을 겪었어. 그러나 낮에는 계속 복수만을 생각했어. 이런 상황에 처한 다른 많은 여자들의 기분을 알 수 있었어. 양심의 가책은 거의 없었고 망설임도 없었어.

당시 내가 얼마나 나쁜 생각들을 했는지 지금까지 소름이 끼칠 정도야. 나는 늘 얌전하고 착한 소녀였는데 말이야. 청소년 시절에도 단 한 번도 규범에서 벗어나는 행동을 해본 일이 없어. 언제나 순종적이었지. 얌전하고 도덕적이고 정숙했어. 조금만 정숙하지 못한 생각에도 스스로를 경멸하곤 했거든. 이때까지 나는 내 안에 무엇이 들끓고 있는지, 그리고 어떤 감정들이 내 속에서 폭포처럼 강하게 쏟아져 내릴 것인지를 알지 못했어. 상처받은 영혼의 제방이 무너지려고 했지. 나는 어떤 값을 치르더라도 모든 것, 그리고 모든 사람과 함께 무너져버리고 싶었어.

다행히도 나의 변호사는 나보다 현명했어. "나는 당신이 정말로 이혼을 원한다고 생각하지 않아요." 변호사는 나를 법정이 아닌 남편에게로 보냈어. 나는 남편과 명확한 대화를 해야 했어.

이혼을 한다면 우리는 물질적인 것뿐 아니라 많은 것을 잃게 되겠지. 나는 계속 기다렸어. 그리고 비참함에 내 몸을 맡겼어.

이렇게 희생자 역할을 맡는 것은 매우 유익했어. 나는 배신을 당한 모든 사람들과 하나가 되었지. 내가 그렇게 필요로 했던 많은 사람들의 깊은 동정심이 밀려왔어. 이렇게 되기까지 심각한 잘못은 모두 나 자신이 저지른 것이라는 사실은 되도록 비밀로 하면서 말이야. 나는 여전히 나의 행동을 책임지지 않고 있었어.

황금빛 잎들 — 피부에 와닿는 가을 냄새

1996년 10월 말

남자들은 지친 마음을 조깅으로 달래는 것 같다. 신경이 곤두선 엄마들은 칭얼대는 아이들을 엉덩이에 매달고 다니고. 하지만 아이들보다 강아지들이 더 많았다. 나는 아무것도 보지 못한 채 멍하니 남편의 얼굴을 응시하면서 남편이 행복하게 사랑에 빠져 있나 보다 생각했다. 3일 동안 깎지 않은 수염. 그녀가 그것을 좋아하나? 남편은 머리가 희끗희끗해졌고 더 야위었다. 흐릿한 각막 뒤에 움푹 들어간, 초콜릿 같이 짙은 눈동자가 있다. 내가 남편에게 어떻게 보일 것인지는 상상하고 싶지 않다.

내 몸무게는 57킬로그램까지 빠졌고 계속 줄어들고 있다. 우리가 몇 시간에 걸쳐 돌아야 하는 호수만 가장자리까지 물이 가득한 것이 아니었다. 내 마음도 눈물로 가득 차 있었다. 남편은 나의 상처 입은 감정 따위는 아무렇지도 않은 듯했다. 그러고는 내가 불안한 사랑의 시소 타기로 그에게 몇 년 동안 어떤 고뇌와 괴로움을 안겨주었는지를 이야기했다. 남편은 그 어느 때보다 열려 있었다. 다른 여자가 남편의 가슴을 차지하고 계속 따뜻하게 해주고 있기 때문일까? 남편은 담담하게 자신이 무엇 때문에 힘들었는지를 이야기하고, 나는 어쩔 줄 모르는 채 연방 놀라며 이야기를 들었다. "나는 당신을 다시 사랑하는 것이 두려워. 더 이상 상처받고 싶지 않거든. 더 이상 버림받고 싶지 않고 더 이상 무시당하고 싶지 않아······." 남편은 산책이 끝날 즈음 물방울 떨어지는 나무 밑에서 내게 그렇게 이야기했다.

내게 깨달음이 왔을 때는 깜깜했어. 몇 시간이 몇 초처럼 지나가 버렸지. 나는 추워서 오들오들 떨었고 아주 낯선 남자를 마주 대하고 있는 것 같았어. 그런데 이상하게 그런 그에게 매력이 느껴졌어. 나의 외적인 강함은 떠돌이 강아지처럼 온데간데없이 사라져버렸고 나는 무너져 내렸어. 나의 자제력은 어디로 도망갔을까? 나의 셀프 콘트롤 능력은 어디로 갔을까? 겨울이 나를 휘감았어. 가슴은 얼음으로 반들반들했지.

나는 남편을 그렇게 아프게 했던 것을 가슴 깊이 후회했어. 나는 남편을 배려하지 못하고 나 자신의 고뇌에만 사로잡혀 살아왔던 거야. 나의 아픔만이 중요했지. 언제나 이해받지 못하는 나만 생각했어. 한 번도 나 자신의 고통 이상의 것을 느낄 여력이 없었어. 남편은 왜 일찌감치 자신이 얼마나 고통스러웠는지를 말할 수 없었던 것일까? 말해주었다면 나는 곧바로 내 행동을 고쳤을 텐데……. 어째서 남편은 도망갔던 것일까? 어째서 다른 곳에서 말하기 더 쉬웠던 것일까?

진작 이런 질문을 던졌어야 했는데……. 이미 너무 늦은 시점이었어. 그 순간 나는 나를 에워싼 강력한 파도만을 느낄 수 있었어. 나 스스로 불러일으킨 물결이었지. 남편은 나를 집으로 데리고 갔어. 그는 아직 그 집에 살고 있었어. 남편은 나를 욕실로 들여보냈고, 나는 뜨거운 물에 몸을 담갔어. 그냥 거기서 죽고 싶었어. 비쩍 마른 몸을 하얀 수건으로 감싸고 나온 내게 남편은 집에 머물러 있으라고 말했어. 나중에 남편은 당시 마음의 목소리가 자신에게 그런 말을 하도록 충고했다고 하더군. 남편은 요리를 했고 둥지에서 떨어진 새 같은 나를 먹여주었어. 나는 사시나무 잎처럼 몸을 떨고 있었지. 콧물과 눈물로 범벅이 되어 계속 울기만 했어. 사랑하는 하느님, 나를 불쌍히 여겨주세요! 나를 고요히 죽게 해주세요!

한나, 내가 완전히 돌았다고 생각되지 않아? 나는 더 이상 예전의 내가 아니었어. 나는 완전히 낯선 자리에 있었어. 그 저녁 우리는 많은 이야기를 하고 울었지. 울고 침묵하고, 침묵하다가 다시 이야기하고. 어느 순간 완전히 지쳐서 잠들 때까지 말이야. 밤에, 비몽사몽간에 우리는 사랑을 나누었어. 하지만 그것은 사랑이 아니었어. 기껏해야 충동이나 습관이었을까. 나는 행위 중에 조용히 울었지. 남편은 결코 내게 키스하지 않았어.

다음날 아침 나는 떠나려고 했어. 목적을 잃은 것 같았거든. 남편은 더 이상 나를 사랑하지 않으니까.

걱정하지 마, 한나. 상상처럼 남편의 옆구리를 칼로 찌른다든가 하지는 않았으니까. 이 싸움은 패배한 싸움이었어. 남편은 나를 더 이상 사랑하지 않기로 결정했음이 분명했어. 그는 이미 마음의 정리를 끝낸 상태였어. 나는 조금 더 버텼지. 남편은 점심 때까지 머물러 있으라고 말했어. 왜? 그러나 나는 남편의 말대로 정오까지 집에 있었어.

그때부터 우리는 더 자주 만났지. 나는 식사를 하러 집에 갔고, 목욕하러 집에 들렀고, 아들을 보기 위해 집에 들렀어. 아들은 내가 가는 것을 좋아하는 것 같았어. 나는 남편과 아들이 좋아하는 것들을 사가지고 가서 그들을 즐겁게 해주었어. 이렇게 어정쩡한 상태에서 우리는 상당히 잘 지냈지. 그리고 나는 용기 있게 남편을 내가 계획한 송년회에 초대했고, 남편은 승낙했어. 나는 속으로 쾌재를 불렀어. 그렇다면 다른 여자가 그렇게 중요한 존재는 아니라는 거잖아.

나는 남편의 방에서 어떤 배반의 흔적도 발견하지 못했어. 보지 못한 것은 어쨌든 없는 거잖아. 오래전부터 숨바꼭질이 진행되고 있었을지라도 말이야. 나는 그냥 속아버리고 싶었어. 다른 방법이 없었으니까. 그에게서 그냥 떠날 수는 없는 노릇이었어. 우리는 아직 서로에 대한 감정이 식지 않았다는 것을 알았으니까. 그것은 새로운 시작을 위한 기회가 될 수 있을 것 같았지. 하지만 언제 시작한단 말이지? 나는 영원히 기다릴 수는 없었어. 한나, 정말이지 기다림은 내가 가장 싫어하는 것이었으니까.

버림받고 잊혀진 존재가 된 듯한, 아무도 데리러 와주지 않을 것 같은 마음. 어린 시절 내 침대 곁에는 엄마가 없었어. 쓸쓸한 내 슬리퍼는 차가운 병원 현관에서 길을 잃었지……. 나는 목청껏 소리를 질렀지만 아무도 나를 돌아보는 이 없었어. 1950년대 병원에 입원했던 아이는 거의 그런 경험을 했을 거야. 그 경험은 극도로 공포스러웠어.

우리가 예전처럼 함께 소파에 누워 있을 때 남편이 이렇게 털어놓았어. "나 아직 상당히 깊은 곳에 있어. 너무 깊이 들어갔어……." 나는 화가 나서 소리를 질렀어. 참을 수 없는 아픔이 나를 사로잡았거든. "그럼 왜 여기 내 집에 앉아 있는 거야?" 다시 미친 듯이 발작했지. 그리고 다시 예전처럼 사라져버리려고 했어. 이 말도 안 되는 게임, 그녀냐 나냐, 남편은 결정할 필요가 없었어. 나 스스로 나를 위한 결정을 내리면 되었지. 나는 진짜 없어져버리기로 마음먹었어. "난 더 이상 그녀와 자지 않아." 남편은 내게 거짓말을 했어. 남편은 둘 사이에 끼여 있었고, 둘 중 아무도 잃으려고 하지 않았지.

한나, 지금 같으면 남편의 말이 정말로 무슨 뜻인지 좀더 귀 기울여 들을 것 같은데 말이야. 말이 내뱉어진 순간에 타오르는 아픔을 넘어설 수 있다면 승리할 수 있을 텐데 말이야. 그러면 상대방이 보내는 메시지를 바로 깨달을 수 있을 텐데. "난 아직 상당히 깊은 곳에 있어······."라는 말은 듣기에 따라 달라지는 말이었어. 그것은 남자가 아직 에로틱한 관계를 유지한다는 뜻일 수도 있지만, 내적인 고민 한가운데 있다는 뜻일 수도 있었어. 그리고 행동에 신중을 기하고 있다는 뜻일 수도 있었어.

나는 나중에 망설이며 남편에게 "우리 상담을 받는 게 어때요?"라고 물었어. 남편은 즉석에서 동의했어. 하지만 예약이 밀려 있어서 상담은 1월에나 가능하다고 했지.

내 상태는 점점 나빠져갔어. 나는 시시각각으로 살이 빠졌어. 근심은 벌레처럼 나를 갉아먹었고 내게서 마지막 아름다움을 앗아갔어. 나는 그의 사랑을 뒤쫓느라 숨을 헐떡거렸지. 나의 심장은 제대로 뛰지 못했어. 심박동 리듬 장애가 왔어. 맥박이 마구 빨리 뛰다가 비트적거렸지. 형언할 수 없는 공포가 나를 사로잡았어. 나는 일어서려고 했어. 두려움에 맞서고자 했지. 하지만 원초적 두려움이 솟아올랐어. 남편의 사랑은 사라졌고 나는 버림받았으니까. 그런데 무엇 때문에 나는 이렇게도 사랑이 필요한 거지? 이런 두려움은 나를 마비시켰고, 남편의 결정을 기다리게 했어. 섣불리 결정해 스스로 모든 것을 망쳐버리면 안 된다는 것을 나는 깊은 체념 속에서 느끼고 있었거든.

내 친구는 더 이상 나를 두고 볼 수가 없어서 어느 심리치료사를 소개해주었어. 나는 대번에 그 심리치료사가 마음에 들었어. 남편처럼 갈색 눈을 가지고 있었거든. 심리치료사는 내 인생의 첫 공포스런 경험을 상기시켰어. 나는 부모님의 차가운 침대에 홀로 누워 외로워하고 있었어. 소리 없이 애원하며 사랑을 기다렸지. 당시 나는 아직 세 돌도 지나지 않은 상태였어.

내가 아이처럼 속마음을 털어놓는 데 반해, 남편은 계속 거짓말을 했어. 남편은 그럴 수밖에 없었겠지. 속이 탔어. 어디론가 사라져버리고 싶었어. 하지만 그를 영원히 잃어버릴까봐 두려웠어.

몇 주 후 나는 남편의 새 집을 둘러볼 수 있었어. 집 꾸미는 데 대한 조언도 해줄 수 있었지. 나는 내심 놀랐어. 남편은 나 없이도 아들과 더불어 살림을 어느 정도 해내고 있었거든. 단둘이 함께하는 생활은 아들과 남편을 훨씬 가깝게 만들어주었지. 두 사람은 내가 우려했던 것과는 달리 서로 부딪치지 않았어. 선반에는 먹을 것이 비축되어 있었고, 요리도, 빨래도, 청소도 되어 있었어. 여자의 손이 없어도 말이야. 다만 나의 노련한 배치 감각이 결여되었다고 그들도 생각하고 있었지. 내가 자주 와야 할 것 같았어. 내가 들어갈 집은 며칠 후나 입주가 가능했어. 모든 일은 예상보다 훨씬 오래 걸렸지.

우리는 밖에서 식사를 하기 위해 만났어. 남편은 새 차를 뽑았더라고. 나는 농담 반 진담 반으로 이렇게 말했어. "새 자동차, 새 집, 새 여자라……. 나한테는 뭘 원해요?" 나는 남편이 여자친구와 어떻게 지내고 있는지 알아낼 수 없었어. 염탐은 할 수가 없었어. 그러면 어떤 결론에 이르러야 할 것인데, 그것은 우리 둘 다 두려워하는 것이었으니까. 시간은 아직도 결정을 내릴 만큼 무르익지 않은 상태였어. 저녁은 너무 빨리 지나가버렸지. 남편은 그날은 나를 자기 집으로 데리고 가지 않았고, 나는 좋게 해석하려고 노력했어.

　남편이 집으로 가는 동안 나는 아버지와 전화를 했어. 아버지가 전화를 받는 것은 극히 드문 일이었어. 보통은 엄마가 가족의 소식통이었으니까. 아버지보다 엄마가 아버지의 병에 대해 더 잘 알고 있었지. 아버지는 엄마는 친구들과 함께 운동하러 나갔다고 하시더군. 아버지와 나는 이야기를 나누었고, 나는 무척이나 좋았어. 우리에겐 이미 오래전부터 서로를 이어주는 끈이 있었어. 우리는 싸우기도 잘했지. 싸우고 다시 화해하고……. 어린 시절부터 아버지와 난 그렇게 해왔어. 유독 아버지하고만 그렇게 지냈어. 서로 마구 언어의 대포를 쏘고 다시 언어로써 가까워지고,

우리는 언어를 사용해 상대방 영혼의 방으로 쳐들어갔어. 그러나 나는 아직 이런 과거와 지금의 고통을 연관지을 수 없었지.

　대화가 끝날 무렵 아버지는 이렇게 소리쳤어. "넌 자존심도 없냐? 네 남편이 몰래 다른 여자를 만나고 다닌다고?" 나는 그 말을 믿지 않았어. 믿지 않으려고 했지. 질병도 아버지를 나긋나긋하게 만들지는 못했나봐. 아버지는 늘 모든 남자가 당신과 똑같다고 생각하고 있었어.

　통화 후에 나는 조용히 샴페인 한 잔을 마시면서 생각을 정리하고자 했어. 샴페인은 이미 여러 날 전부터 냉장고에 놓여 있었어. 그동안 거의 술을 마시지 않았거든. 나는 금딱지를 떼어낸 다음 마개를 땄어. 그런데 갑자기 아무것도 안 보였어. 맙소사! 정말로 아무것도 안 보였어. 나의 왼쪽 눈이. 내 왼쪽 눈이 어디 있지? 나는 공포스런 기분으로 욕실로 뛰어가 나의 눈을 확인해 보았어. 눈은 그냥 거기 있었어. 하지만 눈이 보이질 않았어. 피도 나지 않고 붓지도 않았는데 보이지가 않았어. 나는 두려움에 가득 차서 생각할 겨를도 없이 집에 전화를 했어. 전화를 받은 아들이 아버지는 없다고 말했어. 우리가 헤어진 게 벌써 몇 시간

전인데……. 나는 예감했어. 그러나 확인하고 싶지 않았어.

아들은 우리 주치의에게 전화를 걸었어. 그러고는 다시 내게 전화를 했어. "엄마, 걱정하지 말아요. 시력은 그렇게 빨리 잃게 되는 게 아니래요. 구급차를 불러요. 아빠가 들어오시면 말씀드릴게요." 나는 그대로 무너지고 말았어. 끝장이었어. 희망이 없었어. 불길한 예감만 용솟음쳤어. 택시를 타고 안과 응급실로 달려갔지. 의사는 신경질적이고 불친절했어. 내가 어린아이처럼 떨었기 때문이지. 의사는 왜 그렇게 겁을 집어먹느냐고 차갑게 말했어. 멍청이 같으니라고! 병원 냄새만 맡으면 밀려오는 내 어릴 적 공포감에 대해 자기가 뭘 안다고? 다시 집으로 돌아오니 전화가 울렸어. 이미 자정이 가까운 시간이었지. 남편은 친구와 한창 와인을 마시고 있는 중인데 내게로 가야 하느냐고 물었어. 나는 그의 말을 믿지 않았지만 힘들게 말했지. "오고 싶으면 와요……." 30분 후에 나타난 남편은 내 모습을 보고 매우 놀랐어. 내가 그렇게 끔찍스러워 보였나? 다시금 남편은 나를 돌보아주었어. 나는 맹목적으로 그에게 나를 맡겼어. 다른 수가 있었겠어? 이어지는 사흘 밤낮을 그 상태로 있었어. 우리는 이야기는 별로 하지 않았어. 말은 더 이상 치유력이 없었으니까. 행동만이 치유력이 있었지. 이제는 우리 둘 사이의 분위기가 중요했어.

나는 삶의 흐름에 목적 없이 나를 맡겼어. 강한 흐름에 나를 맡기고, 그 흐름을 거스르지 않고자 했지. 아무것도 아닌 것으로 싸우지 않았어. 솔직히 그럴 힘도 없었어. 나는 어른이 된 후 처음으로 완전히 무기력해져버렸거든. 더 이상 감정 조절이 안 되는데 하물며 운명을 어떻게 좌지우지하겠어. 잊고 있던 오래전 충격이 나를 휘감고, 모든 체세포들을 마비시켜버렸어. 그리고 이런 비일상적인 상황에서 나는 무엇인가를 조용히 깨닫게 되었지. 오래전 유년 시절에 생긴 응어리가 영혼의 자물쇠가 되고 있었다는 것을……. 나는 기억을 더듬었어.

유년 시절 나의 첫 번째 '엄마'는 할아버지였어. 할아버지는 내 생애의 불안한 첫 2년 간 나를 돌보아주었지. 나는 사랑받았어. 그런데 어느 날 작별 인사도 하지 못한 채 갑자기 할아버지를 떠나야 했어. 10시간 후 엄마는 그때까지 몰랐던 남자를 내 앞에 등장시켰어. 나의 아버지 말이야. 내가 옮겨간 낯선 집에서 나는 말썽 부리지 않고 눈에 띄지 않게 조용히 행동을 해야 사랑받았어. 생기가 충만한 두 돌 지난 여자애에게는 상당히 힘든 일이었지. 신뢰와 안정감이 형성되는 어린 시절에 나는 아픈 이별을 많이 경험해야 했어. 신뢰할 수 있는 것은 아무것도 없어 보였어. 할아버지와의 헤어짐, 병원 입원, 이웃집으로 청소하러 다녔던 엄마와 날마다 떨어지는 일……. 아이들에게 몇 분은 몇 시간과 맞먹고, 몇 시간은 며칠과 맞먹는 법이거든.

나는 홀로 있을 때면 무서운 생각이 들지 않게 내면의 상상에 몰두했지. 나는 내가 혼자 있는 이유를 이렇게 설명했어. "난 이미 다 컸어. 엄마는 내가 사리 분별이 빠른 아이라고 말씀하시잖아. 엄마에게 걱정을 끼쳐서는 안 돼." 아이로서 나는 다른 사람들의 기대에 부응하고 순종하려고 노력했지.

하지만 나는 차츰 반항의 딸이 되었어. 사춘기에 아버지는 나를 혹독하게 훈련시켰어. 남성 중심적인 가정에서 자란다는 것은 그렇게 유쾌한 일은 못 되었지. 하지만 지금 생각해보면 유익한 점도 많았던 것 같아. 나는 언제나 아버지와 가까이하고자 했어. 자정까지 아버지와 토론하면서 아버지에게 동질감을 느꼈고, 인정받고 있다는 느낌을 받았으며, 아버지와 동등한 자리로 나아갔어. 나는 경계를 넘어서는 연습을 할 수 있었지.

내게는 남자에 대한 두 종류의 이상형이 있었던 셈이야. 그 중 어떤 모델을 따라야 했을까? 소녀들은 여덟 살에서 열 살 사이에 확실한 남성상을 갖게 돼. 아버지나 삼촌이나 할아버지나 선생님이 어떻게 행동하느냐가 여자 아이들이 남성상을 확립하는 데 엄청난 영향을 끼치지. 그리고 나중에는 무의식중에 자신이 생각한 남성상에 부합하는 파트너를 찾게 돼.

나는 그렇게 사춘기를 지나 첫사랑을 만났어. 첫사랑인 남편은 나를 부드럽고 조건 없이 사랑해주었지. 그는 나처럼 친밀함을 추구하면서도 질서가 잡혀 있었어. 내게 안정감을 주었지. 남편은 나를 할아버지처럼 사랑해주었어. 나는 가슴 저리게 그리워하던 감정을 되찾은 거야. 하지만 동시에 나는 남편에게서 아버지의 모습을 발견하고자 했어. 그래서 남편과 함께 대화를 하고자 했어. 많은 시간, 아주 참을성 있게, 열정적으로 말이야.

나중에 결혼한 후에도 나는 내가 생각하는 나의 역할에 충실했어. 그리고 인생의 중반기, 내가 전혀 준비되어 있지 않은 상태에서 나는 그를 떠났지. 가까이 가기보다는 거리를 두었고, 공

생보다는 분리를 택했어. 그러자 남편은 내게서 돌아서서 다른 여자에게로 향했어. 친밀한 사랑을 추구하면서 내 행동을 되갚았지. 지금까지 흔들리지 않고 나를 향해 있던 남편의 사랑을 상실한 것은 나로 하여금 할아버지를 잃었던 상처로 돌아가게 했어. 나는 조건 없는 사랑에 대한 원초적인 동경을 가지고 있었고, 여전히 그런 동경이 채워지기를 바라고 있었지.

사랑을 잃어버린 나는 누구이고, 무엇이란 말인가? 나의 무의식은 꿈틀거렸고 힘이 빠졌어. 김빠진 감정과 해묵은 고통이 차올라왔어. 그리고 조용히 운명의 법칙을 예감했지.

운명은 내 생각 같은 것은 안중에도 없었어. 나는 인생의 흐름에 맞추어야 했고, 그로부터 배워야 했어. 오랫동안 나 스스로 내 삶을 주관하고자 했지만 게임은 결국 끝나고 말았어. 그리고 나는 예감했지. 남편과 다른 여자의 관계가 거의 끝나가고 있다는 걸.

위로해줄 사람 아무도 없네

1996년 11월 초

나만의 집에 들어갈 때가 되었다. 나는 어제 저녁 남편의 팔에 안겨 격하게 울었다. 어린 시절 이래 지난 두 달만큼 많이 울었던 적은 없었다. 아이였을 때 할아버지와 헤어져서도 이렇게 울지는 않았다. 울어보았자 소용이 없었으니까. 위로해줄 사람이 아무도 없었으니까. 차가운 부모님 침대에 누워 외로움을 느낄 뿐이었다. 그에 반해 남편은 나를 위로

해준다. "봐, 집만 두 개로 나뉠 뿐이야. 하지만 우리는 함께 있잖아."

다음날 아침 나는 빨간 신호등인데 횡단보도를 그대로 통과했다. 가게 바로 앞에서 다시 나의 왼쪽 눈에 불이 났다. 망막 박리증의 위험 신호다. 한순간 그 생각에 몰두하고 있는데 운전석 문이 긁히는 소리가 나더니 내 차는 기둥을 들이받았다. 나의 새 차. 아버지가 선물로 준 반짝반짝 빛나는 새 차를 나는 거의 고물로 만들었다. 나는 남편에게 전화하기 위해 가게 문을 열었다. 그때 바로 남편이 걱정스러운 나머지 내게 전화를 했다. "잘 도착했어?" 그리고 반 시간 후 남편은 문 앞에 서서 나를 안아주며, 이사를 도와주겠다고 했다. "아니, 됐어요. 친구들이 오기로 했어요." 나는 다시 한 번 거절했다. 나는 혼자 감당할 것이다. 그래서 마지막으로 딱 잘라 거절했다. 하지만 전혀 기쁘지가 않았다. 더 이상 나만의 집을 바라지 않기에.

그럼에도 불구하고 나만의 집으로 들어가는 것은 청소년 시절부터 꿈꾸어왔던 상징적인 행동이었어. 새로운 자아에 보이는 집을 마련해주는 것. 무척 힘이 들었지만 나는 완벽하고 싶었어. 그래서 생각해보지도 않고 남편의 도움을 거절했지. 이번만은 남편의 도움 없이 정신력을 발휘해서 혼자 하고 싶었어. 좁은 계단으로 가구를 끌어올리면서 나는 내가 할 수 있는 단 하나의 옳은 일을 하고 있다고 생각했어.

저녁 늦게서야 나의 작은 공간은 완전히 정리되었지. 문 앞에는 남편이 술과 일요일 아침거리를 들고 서 있었어. 나만의 집에서 보내는 첫 밤은 오랫동안 품어온 꿈과 같았어. 무척 아름다운 동시에 무척이나 가슴 아팠어. 남편은 다시금 내게 속해 있었지. 그러나 더 이상 나 혼자만의 것이 아니었어. 남편은 다르게 키스하고 다르게 사랑하는 것 같았어. '그녀'는 이미 남편에게 아주 친숙한 존재가 된 것 같았지. 나는 몇 초 간 욕구가 멈추었어. 모든 것은 아주 새롭고 위태위태해 보였어. 모든 것이 아주 친숙한 동시에 놀랄 정도로 낯설었어.

대리석, 돌, 그리고 쇠가 깨어지다

1996년 11월 중순

사흘 후 남편은 내게 전화를 걸어서 다른 여자와의 관계가 끝났다고 통보했다. "마음이 아프겠네?" 나는 남편에게 감정이입을 하려고 노력했다. 남편은 가능하면 아무에게도 상처를 주지 않으려 한다. 그래서 전화로 이별을 했다고 한다. 남편은 내게 와줄 수 없느냐고 부탁했다. 남편을 실망시키는 것은 마음이 아프다. 그러나 위기를 겪은 나의 친구들이 집들이를 한다고 문 앞에 와 있었다. 친구들은 내가 해낸 것을 자기들도 하고 싶어 하지만 용기가 부족하다. 나는 나처럼 하라고 친구들을 부추기지 않을 것이다. 내게 옳은 선택이 그들에게 틀린 선택이 될 수도 있으니까.

한나, 참으로 오랜만에 나는 머리가 맑아졌어. 근심과 고통을 친구들과 함께 나누면서 친구들이 너무나 소중해졌지. 한 남자를 위해 — 그것이 남편일지라도 — 친구들을 문 밖에 세워두는 것은 바람직하지 못한 행동인 것 같았어. 남편이 이제 자유의 몸이 되었다는 소식을 들었지만, 아직 행복한 감정이 느껴지지는 않았어. 나는 경직이 풀리는 과정에 있었지.

친구들이 왔다간 후 나는 일기장을 꺼내고 새로운 초에 불을 붙였어. 책상에 작은 램프를 밝히고 음악을 낮게 틀었지. 나는 주변을 따뜻하고 아늑하게 만들었어. 그것이 남편이 곁에 없다는 데에 대한 완벽한 위로가 될 수는 없었지만 말이야. 나는 남편을 다시 잃을까봐 두려웠어.

나는 예전에 소개받은 심리치료사에게 두 번째 상담을 받았어. 두 번째 상담에서 그는 슬픔과 아픔에 관해서 내가 두뇌형 인간이라고 말해주었어. 파악할 수 없는 것을 파악하기 위해 끊임없이 이성적으로 일하고 분석하는 스타일이라고 말이야. 첫 상담에서 나는 그에게 내가 기억할 수 있는 가장 고통스러웠던 일에 대해 이야기해주었어.

다섯 살 때 나는 병원에 입원했지. 사람들은 말없이 나를 침대에서 빼내어 차가운 복도로 끌고 갔어. 나는 창에 찔린 것처럼 비명을 질렀지. 사람들은 나의 약한 몸을 꽉 붙들었고, 나는 막무가내로 발버둥쳤어. 하지만 쇠로 된 손잡이에 매인 채 움직일 수 없었어. 사람들은 차가운 집게를 내 입 속에 밀어 넣고 주사기에 주사액을 채웠어. 나는 절망적으로 소리를 질렀지. 피로 얼룩진 침대 맡에서 나를 위로해주는 사람도, 안아주는 사람도 없었어. 울음을 참는 바람에 목만 아플 뿐.

다른 아이들은 비슷한 경험을 더 잘 소화해냈을까? 나는 소리 지르고 울고 발버둥쳐봤자 아무 소용이 없다는 사실을 빠르게 깨달았어. 주변 어른들은 아무도 날 이해해주지 못했지. 엄마가 곁에 없는 것이 얼마나 고통스러웠는지……. 타일 바닥에 울리는 엄마의 발자국 소리를 기다리느라 얼마나 애간장이 탔는지……. 그래서 나는 명랑하게 지내는 법을 배웠어. 빨리 적응하는 사람은 어떻게든 살아남는 법이지.

일 년 후 나는 다시 그 끔찍한 병원에 오게 되었어. 교통사고로 3개월 동안 입원해야 했지. 그 3개월은 끊임없는 기다림의 기간이었어. 나는 새로운 아픔에 대한 두려움과 버려지는 것에 대한 공포로 떨어야 했지. 내 침대 곁에는 다시금 아무도 없었어. 엄마도 없었어. 엄마는 남동생을 임신하고 있었고, 나는 엄마를 슬프게 해서는 안 되었거든. 엄마는 내게 어떻게도 해줄 수 없었어. 나는 엄마를 기쁘게 하기 위해 웃으면서 나의 우윳빛 이빨을 드러내었어……. 나는 속으로 쪼그라들었어. 억압된 슬픔을 견뎌야 했지. 상황을 이해하는 것도 도움이 되지 않았어. 유년의 나는 무기력할 뿐이었어.

남편이 다른 여자에게 향했을 때 나는 유년에 느꼈던 그 무기력하고 버려진 느낌을 다시 한 번 느꼈어. 그 느낌은 나의 유년으로부터 유래했지. 당시 나는 남편과 내가 앞으로 어떻게 될 것인지 정말로 알지 못했어. 다만 이제부터 모든 것이 불확실하다는 것만, 미래가 불확실하다는 사실만 알았지. 더 나빠지지는 않았어. 불확실한 감정이 간혹 희망처럼 느껴지기도 했고. 나는 일기에 내게 주는 말들을 적어보았어.

"너 자신에 충실해라. 아무런 대가를 기대하지 않고 솔직하게 사랑하는 것을 배운다면 작은 기적이 일어날 수 있을 거야. 가슴은 적당한 때에 적당한 사람들에게 열리는 법. 때가 되면 올바른 결정이 내려지는 법. 몸조심하고 용기를 잃지 말아. 가슴의 목소리를 듣고 영혼의 움직임에 귀를 기울여. 네 이성 때문에 너무도 자주 그런 소리들이 간과되고 있잖아."

나는 와인을 한 잔 따르고 마지막 상자를 풀어 그릇들을 정리하고는 내가 아직도 대가족 식사를 준비하기에 충분한 그릇들을 소유하고 있다는 사실에 놀랐어. 이제부터 가족의 보호 없이 혼자 산다고 생각하니 막막했어. 하지만 나는 새로운 시기가 도래했다는 걸 느꼈어. 완전히 나 자신에게로 돌아갈 수 있는 놀라운 기회가 주어졌다는 생각. 그런 생각에 미치자 이렇게 좁고 누추한 집, 혐오스러워 보이는 외부 상황에도 불구하고 상당히 기분이 좋아졌어. 익숙한 가구들이 곁에 있다는 것도 위안이 되었지. 나는 남편과 아이들의 사진을 흐릿한 거울에 붙여놓았어. 내 주변에 사랑하는 얼굴들을 놓아둘 필요가 있었어.

한나, 나는 혼자 있는 게 두렵지는 않았어. 혼자 있는 것은 아주 익숙했어. 지금까지 많은 어려운 일들을 스스로 처리하고 극복하며 살아왔으니까. 그리고 남의 도움을 구하는 것도 배운 상태였어. 하지만 이제 약간 다른 느낌이 들었어. 나는 처음으로 나 스스로를 인식했고, 내가 겉으로는 강하고 자신 있어 보이지만 내면 깊숙한 곳에는 작고 기대고 싶고 수줍은 아이가 웅크리고 있다는 것을, 그리고 그 아이가 이제 모습을 내보이기 원한다는 것을 알았어.

나는 나의 약한 면을 성공적으로 억압해왔어. 겉으로만 해방된 여성상에 부응했지. 그러니 나 스스로를 잘 알지 못하면서 나의 새로운 욕구를 어떻게 이해할 수 있겠어? 내가 나를 안아줄 수 없는데 말이야. 안아주기는커녕 자신에게 언제 어디서나 높은 과업을 요구해왔는데 말이야. 나는 변화할 준비가 되어 있었어.

남편과 나는 각자 일상을 꾸리다가 주말에 나의 집에서 만났어. 나는 이 불안한 시기에 새로운 신뢰를 쌓아 나가지 않으면 영영 기회가 없을 것임을 분명히 알았어. 남편뿐 아니라 다른 사람과도 말이야. 신뢰가 생기는 데는 시간이 필요하지. 나는 이 시간이 새로운 애착이 서로를 얼마나 강하게 묶어줄 것인지, 서로에 대한 관심이 얼마나 적절히 유지되어야 하는지, 어떻게 거리와 부담을 극복해야 하는지를 보여줄 것이라고 생각했어.

남편에 대한 나의 동경은 무한했고, 뭐랄까 놀랍도록 아름다웠어. 내가 늙은 남편을 다시 한 번 그렇게 그리워하리라고 누가 생각이나 했겠어?

이 동경은 목표가 되었고, 나의 방향 전환에 중요한 역할을 했어. 내 영혼은 방랑하고 있었어. 영혼은 이성을 움직이지. 나의 이성은 내게 외적으로 헤어져 있는 이 시기에 내적으로도 헤어져 있을 것인지, 아니면 내적인 합일에 도달하고 싶은지를 물었어. 한나, 영혼의 방랑은 산책처럼 즐겁지는 않았어. 하지만 내 사랑은 강했지.

그러나 우리의 사랑은 지속되고

1996년 12월 초

나는 고통 없이는 거의 잠을 자지 못한다. 나는 몇 시간 동안 어두운 집 안을 방황한다. 그리고 몸부림친다. ─ 에스트로겐 수치가 떨어지는 것으로 인해 찾아오는 ─ 일반적인 관절통에, 매년 찾아오는 손목터널 증후군까지 더해진다. 나는 아무것도 제대로 잡을 수 없다. 이 증후군은 신체적 과로와 스트레스가 겹칠 때마다 오랜 친구처럼 날 찾아온다. 늘 크리스마스 즈음에 말이다. 이번에는 잃어버린 사랑에 대한 슬픔이 더해졌다. 남편이 안전하게 내 옆에 있다는 것을 알고 신뢰를 쌓으려고 노력해도 안심이 되지 않는다. 내 안의 무엇이 나도 모르게 계속 작동하고 있다. 과업을 완수하려는 톱니바퀴처럼 확실하고 정확하게……

    너도 서서히 알게 되겠지만 한나, 그해에 나의 세계는 몽땅 허물어졌어. 나는 아버지를 잃어가고 있었고, 셋째 아이에 대한 소망은 물거품이 되어버렸지. 또 자신에게 이르는 길을 찾기 위해 남편과 떨어져 있어야 했어. 갱년기는 위기의 시기야. 누가 흔들림 없이 그 시기를 보낼 수 있을까? 나의 이성은 정신적인 변화에 끊임없이 발을 맞추었어. 하지만 난 아직도 하고 싶은 것들이 많았어. 그리하여 운명은 방해받지 않고 갈 길로 내달렸지.
    남편의 사랑을 영영 잃어버렸을지도 모른다는 걱정은 나의 어린아이 같은 영혼에 계속 검은 그림자를 드리우고 있었어. 심리치료의 도움으로 이런 두려움에 좀더 쉽고 빠르게 대처할 수 있었지. 나는 그동안 사랑하는 사람들은 상대방의 가슴을 고향

삼아 닻을 내린다는 것을 알았어. 어릴 적 엄마 아빠에게 향했던 사랑을 반복하고 있다는 것을 말이야. 지금 내가 내 과거를 그 자체로 받아들이지 못하면 그것은 언젠가 몰래 숨어 들어와 나의 안식을 방해할 것이라는 사실을, 나를 따라다니며 결국은 나를 몰아낼 것이라는 사실을 알았어. 나는 도망갈 수 없었어. 나의 성장 배경을 떼어낼 수 없을 것이므로 그것을 현실에 편입시켜야 한다는 것을 알고 있었어.

남편의 이사가 목전에 다가와 있었어. 남편 친구들이 도와주었지. 남편에게도 남편만의 네트워크가 있었어. 남자들은 서로 의견을 교환할 수 있는 주변의 남자들을 필요로 하거든. 운동하고 단골 술집에 드나드는 것 외에 함께 대화할 친구들이 필요했어. 이제 남편 곁에 그런 친구들이 있었지.

나는 그날 여느 때처럼 가게로 갔어. 그리고 저녁에는 내가 그렇게도 열망했던 우리의 집을 다음 주인에게 넘길 수 있도록 깨끗이 치웠어. 공동의 청소 의식은 대단히 상징적이었어. 우리는 오래된 꿈들을 쓸어내었지. 그와 함께 기만적인 환상과 불안한 정신들도 쓸어버렸어. 그리고 마귀를 눌렀지. 끝으로 우리는 거의 명랑한 기분으로 손을 잡고 방을 돌아다니며 이제 진짜로 이 집과 이별할 때가 되었다는 걸 깨달았어.

나에게 이 집은 오랫동안, 일종의 '바라던 아이'였지. 내면의 변화를 드러내는 표시였어. 당시는 내면의 부름을 다르게 생각하지 않았어. 당시 우리 둘은 상대방이 원하고 필요로 하는 것을 줄 준비가 되어 있지 않았지. 각자 새로운 연안과 미지의 들판을 향해 출발해야 했지만 우선 불안한 장소에 새로운 가교를 놓아야 했어. 우리는 서로 과오를 저질렀어. 하지만 이런 시도와 오류는, 인생에서 중요한 것이 무엇인가를 알기 위해서는 반드시 필요했어. 우리는 조용히 손을 잡았어. 그리고 이 집의 문들을 영원히 닫았어.

남편의 집은 아주 산뜻했어. 나는 그의 집에서 여유 있게 공간 배치를 했지. 아들은 만족했어. 그리고 농담 삼아, 엄마 아빠가 이제 공연히 옥신각신하며 자신을 귀찮게 하지 않는 것이 중요하다고 말했지. 나는 아들이 엄마 아빠가 다시 함께 있는 것을 보게 되어 기뻐하고 있음을 알았어. 딸은 조금 회의적인 태도를 보였어. 딸은 이랬다 저랬다 하는 엄마를 이해하지 못했거든. 굳건하고 자율적인 엄마만을 알아왔던 딸에게는 새로운 엄마의 모습이 마음에 들지 않았던 거야. 성장하는 딸들은 자신감 넘치는 엄마를 필요로 해. 스스로 그렇게 되기 위해 모범이 될 만한 엄마를 필요로 하지.

    이제 우리 드라마의 마지막 막이 올랐어. 그런 게 없으면 했는데 말이야. 헤어진 남편의 연인이 내게 직접 연락을 해온 거야. 그리고 내게 자신의 감정과 그런 감정을 가질 수밖에 없게 만든 근거들을 토로했어. 남편의 사랑은 철저히 해부되었지. 그녀는 전화로 내게 "왜 다시 돌아왔죠?"라고 물었어. "난 당신보다 젊어요……." 그녀는 나에 대해 아주 잘 아는 것같이 보이는데 나는 그녀에 대해 전혀 알지 못했어. 나는 벌거벗김을 당하는 것 같았지. 그녀는 내가 수십 년 전부터 잘 알고 있는 남편의 결점들을 열거하는 것을 마다하지 않았어. 나는 혐오감을 느끼는 동시에, 마법에 걸린 듯이 이야기를 듣고 있었어. 그녀에게 잠시 연대감까지 느꼈지.

남편과 나 사이의 연약한 사랑의 줄은 다시금 끊길 위험에 처했어. 나는 다시 한 번 나의 얼마 안 되는 옷가지를 남편의 옷장에서 챙긴 후 떨리는 손으로 그녀의 전화 메시지를 쪽지에 적어 놓았어. 그리고 집 열쇠를 식탁 위에 놓았지. 정말로 마지막이었어. 이번에는 전혀 미안하지 않았어. 난 남편에게 꽉 붙어 있는데, 남편은 '이 여자'와 계속 행복했었나? 나는 깊은 상처를 받았어. 전보다 더 많이. 몇 시간 되지 않아 남편은 내게 변명을 했어. 관계가 끝난 후 한 번도 그녀를 만나지 않았다고. 하지만 우리의 관계가 불안한 동안에는 나를 만나는 것만큼 그녀를 찾았다고 뼈아프게 시인을 하더군. 내가 내 집에 입주하기 전에 마지막으로 찾아갔다고 말이야. 내게 오기 전에 무엇에 끌리는 것처럼 그녀를 찾아갔던 것일까? 나는 실망을 참을 수가 없었어.

오랫동안 억압해온 분노가 분출되었어. 난 자제력을 잃었지. 남자들은 다 그런가? 섹스와 탐욕과 돈밖에 모르나? 그런 행동은 정말 저질스럽게 느껴졌어. 그렇게 성적 자극을 추구하는 것, 쾌락을 통해 자신이 최고임을 확인하는 것, 이것은 나를 너무나 화나게 만들었어. 그 밖에는 아무것도 중요하지 않은가?

그것을 제외하면 여자들은 전혀 가치가 없는 존재인가?

놀라지 마, 한나! 지금의 나는 이런 표현들이 남편에게 조금도 해당되지 않는다는 것을 알고 있어. 하지만 당시 내 속에서는 분노의 실꾸리가 끝없이 풀려 나갔어. 나는 (언제나처럼) 가부장적인 시스템 속에서 배반당하고, 팔리고, 학대당하고, 이용당하는 이 세상의 모든 여자들을 대표해서 분노했어. 그러나 그 순간 실제로는 아무 말도 입 밖에 낼 수가 없었어. 나의 새로운 면이 드러나는 순간이었지. 내면의 음성이 나를 신중하게 자제시켰어. 나는 언어적 비난을 포기하고 동물처럼 풀이 죽어 남편의 설명을 기다렸어. "나는 어린애처럼 행동했어. 나는 또 한 번 나에게 필요 없는 것을 취했던 거야. 그건 실수였어. 나는 그냥 저항할 수 없었어!" 남편은 그렇게 말했어.

내가 나중에 심리치료사에게 그 이야기를 하니까 마치 남편의 기분을 안다는 듯 미소를 짓더군. "당신은 그런 기분을 어떻게 생각해요?" 하고 심리치료사는 내게 물었지. 나는 그런 기분이 제과점에서 근무하는 마지막 날과 비슷하다는 생각이 들었어. 이미 해고는 당했고 떠나기 전에 다시 한 번 배불리 먹는 거야. 파이들이 어떤 맛인지 이미 알고 있음에도 불구하고 마지막으로 너무너무 그게 먹고 싶은 것.

 나는 남편이 심하게 괴로워하기를 바랐어. 남편이 이중생활을 했던 것으로 인해 얼마나 괴로워하는지를 주시했어. 다시 나와 함께하고 싶다는 것과 내가 곁에 있어줄 것임을 확신했을 때, 남편은 그녀에게 불필요한 고통을 주지 않기 위해 말을 돌려서 했던 거야. 다시 나를 잃고 싶지 않았기 때문에 그녀를 찾아간 사실을 될 수 있으면 내게 숨겼고, 그러다가 실패했던 거야!

여자들의 싸움

1996년 12월 말

그녀는 왜 내게 연락을 하는 걸까? 내가 다시 돌아왔다는 것을 참을 수 없는 걸까? 내게 상처를 주려고 그러는 것일까? 남편의 새로운 행복을 망치고 싶어서일까? 모든 것이 분명해지면 남편이 어떤 뒤치다꺼리를 해야 하는지 알기 때문일까? 한 여자가 다른 여자의 길을 가로막고 있다. 남자는 손상을 입지 않는다. 죄가 있는 것은 여자다. 아담이 아

니라 이브가 죄를 지었다!

한나, 이것은 우리 여자들이 지닌 아주 까다로운 면이야. 우리는 여간해서는 분노하고 화를 내는 직통 코스를 선택하지 않고, 대신 희생자 역할이라는 우회로를 선택하지. 그리고 상대방 비하하기를 좋아해. 나도 그런 식이었어. 조바심 속에서 늙어가는 나를 느끼는 순간에 "난 당신보다 젊어요."라는 말이 자꾸 떠올랐어. 하지만 이제 나이 같은 것은 별로 중요하지 않았어. 젊은 여자도 어느 시점이 되면 그 나이에 도달하게 되는 법이니 말이야. 하여튼 정말 힘든 시간은 그때서야 시작되었어.

가장 힘든 것은 남편이 양다리를 걸쳤던 일로 인해 한동안 죄책감에서 헤어나지 못했던 것이었어. 남자들은 거짓말을 하는 것 외에 다른 대안이 없다고 믿을 때 쉽게 죄책감에 시달리게 되지. 어릴 적 엄마 밑에서 자랄 때 거짓말이 나쁜 것이라고 배웠으니 말이야. 그래서 남편은 자신의 거짓말을 결코 용서할 수 없었어.

나는 계속 몸무게가 빠졌어. 아무런 방법도 통하지 않았지. 나는 54킬로그램밖에 나가지 않았고, 마치 털 빠진 닭처럼 보였어. 그리고 계속 몸을 떨었어. 입가에는 깊은 주름이 파였고, 흰 머리는 속수무책으로 늘어났어. 어느 날 우리는 엄청난 감기로 앓아 누웠어. 남편은 갑자기 귀가 들리지 않고 귀에 무지막지한 압박감을 느꼈어. 무슨 소리를 듣기 싫어서 그랬던 것일까? 그리고 나는 목소리가 나오지 않았고 아무것도 삼킬 수가 없었어. 하지 못한 말들이 얼마나 많이 내 목에 걸려 있었길래? 우리는 말 없이 몇 시간 동안 침대에 누워 있었어. 이런 증상은 우리에게 무슨 이야기를 하려는 것일까? 듣지 않으려는 사람은 느껴야 한다고? 우리의 증상은 상황에 맞아떨어졌어. 지나간 일들이 까발려졌고, 이제 수술을 앞둔 육체처럼 무방비 상태로 놓여 있었어.

한나, 남편이 당시 나의 물음에 귀를 막았더라면 나는 다시금 말을 잃었을 거야. 솔직하게 대화를 할 수 있는 기회는 지나가 버렸을 거야. 이 시점에서 우리에게 도움이 되었던 단 한 가지는 솔직함이었어. 우리는 서로가 많이 아플 거라고 생각했지. 수치감도 이제 끝이 나야 했어. 나는 너무 예민해 있었고 극도로 곤두서 있었어. 우리가 서로 함께하는 것이 쉽지 않았어. 상담 일정은 아직 멀리 있었어. 그때까지 어떻게 견딘단 말인가?

몇 주 간 우리는 서로를 극도로 지치게 하는 시간들을 보냈어. 나는 연방 질문을 해댔고, 남편의 대답은 만족스럽지 않았어. 나는 다른 여자에 대해 모든 것을 알고자 했어.

이해할 수 있어, 한나? 그녀는 내게 얼굴 없는 유령과 같았어. 나는 에너지를 소모시키는 상상을 떨쳐버리고자 했어. 더 자세한 걸 앎으로써 공연한 상상의 날개를 펼치지 않으려고 했지. 나는 너무 힘들었어. 하지만 캐어물을 수밖에 없었어.

나의 행동이 이해가 가? 나는 네가 이 부분에서 나와 견해가 다르다는 것을 알고 있어. 하지만 이것은 정신적인 아픔을 달래는 나의 아주 개인적이고, 개성적인 방식이야. 내가 왜 속임을 당했는지 납득이 가게 설명을 받을 때 비로소 나는 아픈 경험과 화해할 수 있어. 정말로 머나먼 길이었어. 남편은 되도록이면 자세히 이야기를 해주었어. 아픔으로 인해 내가 죽을 것같이 되어서야 이야기를 멈추었어. 그리고 내가 어느 순간 비통에 찬 탄식으로 옮아가 조용해질 때까지 기다렸어.

나는 아주 천천히 이해를 하기 시작했어. 남편은 자신과 별 상관이 없는 부분까지 뒤집어써야 했어. 나는 남편과는 상관없는 다른 사람들의 일들까지 그에게 뒤집어씌웠지. 남편은 나에 대해 참아주고 믿음직한 태도를 보였어. 그리고 내가 잘못 이해한 것들을 수정해주었어. 남편은 내게 무기력한 태도를 보였어. 아무것도 부인하지 않고 아무것도 억압하지 않았지.

그렇게 서서히 밀물과 썰물처럼 규칙적으로 나를 휘감았던 배반의 아픔이 가시기 시작했어. 나는 이 아픔이 도무지 가시지 않을 것 같아 가슴을 찢으며 슬퍼했는데……. 썰물이 시작되면서 이 일에 대한 나 자신의 책임을 깨달을 수 있었어. 나를 끊임없이 고통스럽게 하는 분노에만 사로잡혔더라면 나는 다시 도망갔을지도 몰라. 그리고 예전의 게임이 처음부터 다시 시작되었을지도 몰라. 그것은 나 자신을 아는 것보다 훨씬 더 쉬웠겠지.

일이 어떻게 된 것인지 서서히 머릿속이 정리가 되었어. 나는 영혼의 방을 휘젓고 다니면서 미루었던 청소를 했지.

우리가 성숙한 커플이 되는 데는 시간이 걸렸어. 시간을 더 이상 되돌릴 수는 없는 노릇. 젊었을 때처럼 시작할 수는 없었어.

나는 내가 모든 사람과 마찬가지로 약점을 가지고 있으며, 오류를 범하는 존재라는 것을 배웠어. 나는 종종 실수하고 헷갈리고 길을 잃었고, 그때마다 은밀하게 용서 받기를 원했어. 그러나 이제 중요한 것은, 잘못된 결정을 내렸던 자신을 용서하는 일이었어. 그것은 내게 영혼의 중노동과 같았지. 혼자 살겠다는 나의 목표는 달성되었어. 하지만 지금 나는 어떻게 지내고 있지?

그 생활은 나의 기대에 부응하지 않았어. 나는 예전에 혼자 사는 걸 아주 아름답게 상상했어. 나는 정말로 나를 몰랐던 거야. 남편의 사랑을 상실했을 때야 그 사랑의 가치를 높이 평가하게 되었지.

익숙한 것에 더 이상 시큰둥하지 않고, 익숙한 것에 감사하고 소중히 여기는 마음이 갱년기를 맞은 나의 새로운 목표가 되었어. 우리 두 사람이 사랑으로 여겼던 것은 한꺼번에 타오르는 불꽃이었고, 불장난이었고, 요란하고 시끄러운 음악이었어. 그러나 진정한 사랑은 눈에 띄지 않으면서도 조용한 것이었어. 그것은 은밀히 성장하는 것이고, 많은 작은 일들 가운데 부드럽게 나타나는 것이었어.

나는 정확히 그런 사랑을 배워야 했어. 한 해를 마무리하며 우리는 시골의 아늑한 아파트를 빌려 특별한 연말을 보냈어. 나는 그해를 마치며 일기에 이렇게 적었지.

'나의 사랑은 별이다. 그 별은 우리가 아직 태어나지 않았을 때부터 이미 존재했다. 그리고 이 별빛은 적당한 가슴에 비추인다.'

상상해봐, 한나. 그로부터 일 년 동안 내 몸무게는 다시 60킬로그램으로 불어났고 몸 상태는 훨씬 좋아졌어. 우리는 규칙적으로 상담을 받았고 성숙한 파트너 관계의 기본을 배웠지. 우리는 영원히 함께하고자 했고, 더 이상 전과 같은 실수는 저지르지 않고자 했어. 과거의 고뇌와 태만을 되풀이하지 않고자 했지. 우리는 다른 사람들의 이런저런 말을 귀담아들었던 것이 우리에게 얼마나 해로웠던가를 알게 되었어. 끊임없이 과거의 잘못을 붙들고 있는 사람은 과거에 매여 미래에 쏟을 에너지가 별로 없어. 배운다는 것은 시도하고 실수를 저지르는 거야. 둘 다 컨디션이 좋을 때 우리는 많은 일을 함께했어. 심리치료사와의 대화는 그 나머지 부분을 채워주었지.

남편과 내가 싸우고 화해하는 방식은 어릴 적 각자의 집에서 배운 그대로였어. 그래서 우리는 갈등을 아주 다른 방식으로 처리했지. 남편은 말로 감정을 표현하는 데 서툴렀어. 자신의 솔직한 감정을 내보이는 것보다 알아서 스스로 감정을 다스리는 걸 더 잘했지. 남편은 어린 시절에 감정을 표현하는 것을 배우지 못했던 거야. 그래서 남편이 내 말에 귀를 기울이지 않고 무작정 나를 침대로 데리고 가고 싶어 하면, 나는 그런 행동이 나를 무시하는 것처럼 느껴졌어. 남편은 잠자리를 함께한 후에야 나와 이야기하는 게 나았겠지만, 나는 갈등을 일찌감치 해결하고자 했지. 그렇게 악순환이 시작되었던 거야.

우리는 일 년 넘게 말 그대로 갈등이 있을 때 건설적으로 부딪치는 방법을 배웠어. 그리고 갈등도 그리 많지는 않았지. 단 하나 계속되는 주제가 있다면 그것은 '다른 여자'였어! 나는 남은 고통을 서서히 처리해 나갔고, 때로 오래된 배반의 감정이 새롭게 되살아났어.

나의 아버지는 집을 비우는 행동으로 갱년기 — 당시에는 갱년기를 의식하지 못했지만 — 를 시작했어. 어린 소녀였던 나는

별로 아름답지 못한 대립을 목격해야 했지. 나는 태풍의 눈에 위치해 있었고, 일방적으로 엄마의 고통에만 감정을 이입했어. 엄마의 표현되지 않은 분노를 나의 것으로 만들고, 위험을 무릅쓰고 엄마를 보호하고자 노력했지. 그리고 아버지와 종종 말싸움을 했어. 이 시기에는 그 어느 때보다 격렬하게 싸웠지.

3년 후 갱년기의 마법은 아버지에게서 지나갔고, 산산조각난 파편들만 남았어. 엄마는 엄청난 힘을 동원해 파편들이 부서지지 않게 잘 붙이려고 노력했지. 그러나 둘 사이에는 아무 용서도 되지 않고 해명도 되지 않았어. 엄마는 자신의 방법으로 배신을 극복하고자 노력했어. 엄마는 계속 '직업과 결혼'한 상태로 지냈고, 자신을 갉아먹는 불만족감을 자신의 방식으로 해소하고자 했어. 시시콜콜한 일을 둘러싼 힘겨루기가 계속되었지. 엄마가 호흡이 더 길었고 아버지는 죄책감에 시달리고 있었기에 그들의 관계는 삐딱한 상황으로 빠져들었어. 아버지는 이때부터 엄마를 '엄마'라고 부르기 시작했어. 그리고 엄마는 "아버지에겐 내가 없으면 안 된다."고 말했어.

엄마는 언젠가 섹스가 모든 것은 아니라고 말했어. 나는 그것을 포기하는 것이 얼마나 힘들었을지 짐작했어. 엄마는 "아버지는 이 면에서 전에는 아주 부지런했는데 이제는 다 지난 일!"이라고 말했어. 당시 나는 아직 자라나는 아이였지만 엄마가 나를 다 큰 어른 취급했기 때문에 엄마와 그런 문제에 대해 이야기할 수 있었어. 엄마는 다른 남자를 사귄다는 걸 상상도 하지 못했을 거야. 엄마는 단정하고 자존심 세고 함부로 건드릴 수 없는 여인이었거든. 아버지가 사고를 치기 시작한 것은 40대 중반이었고, 섹스와 영원히 이별을 했을 때는 채 50이나 되었을까? 아버지는 "나는 완전히 진이 빠졌다."고 했어. 나는 딸로서 아버지의 말에도 인내심 있게 귀를 기울여야 했지.

  엄마는 직업에 쏟는 시간 외에는 거의 시간이 없었어. 직업은 엄마에게 인정받고 있다는 느낌을 선사해주었지. 아버지가 주려고도 하지 않고, 줄 수도 없었던 존중감을 말이야. 엄마는 야심차고 부지런한 여자였어. '뉴욕의 접시닦이'처럼 밑바닥에서부터 시작해 위로 승승장구했지. 엄마는 꽤 큰 회사의 높은 자리에 오르게 되었고 아랫사람들의 찬사를 받았어. 엄마는 어떤 대가를 치르고서라도 일을 포기하지 않았을 거야.

엄마가 힘들어했던 시기에 나는 위대한 사랑을 찾고 있었어. 아버지는 어렸을 때부터 사랑의 결핍으로 고통스러워했던 사람이었어. 그의 딸로서 나는 그것을 잘 알고 있었지. 그럼에도 불구하고 나는 아버지에게서 떨어져 나오고자 했어. 부모님의 상황은 계속 나를 힘 빠지게 했지. 나는 막 사춘기를 벗어난 나이로, 엄마가 이런 상황에서 어떻게 행동하는지를 보아야 했지. 엄마는 매일같이 독한 술을 마셨어. 이것이 당시 엄마의 유일한 '위법 행위'였어. 엄마는 드러내놓고 대들지 않았어. 나는 아버지가 솔직하게 해명하지 않는 것과 엄마가 아버지와 직접 맞붙지 못하는 것이 정말로 참기 힘들었어, 한나.

　그즈음 남편을 만나자 이런 부모님 밑에서 소화되지 않고 쌓여 있던 응어리가 그냥 분출되었어. 나는 남편에게만은 감정의 모든 면을 여과 없이 보여주고자 했지. 남편 앞에서는 하고 싶은 대로 할 수 있었고, 그래도 남편은 나를 계속 사랑해주었어. 남편은 믿을 만하고 충성스럽게 보였지. 나는 남편을 무한히 신뢰했고, 그것은 내 삶에서 필요한 외적인 안정을 주었어. 그동안 나는 이런 안정감을 얼마나 그리워하고 동경해왔는지……. 남편은 내게 영원히 사랑하는 로미오였고, 나는 그에게 영원히 사랑받는 줄리엣이었어. 이제 부모님의 집을 떠나야 한다는 것은 확실했어. 하지만 나는 부모님 집을 떠나면서 부모님의 왜곡된 부부 관계의 모델을 함께 가지고 갔지. 그런 사실을 모른 채 말이야.

그것은 남편도 마찬가지였어. 남편에게도 해결되지 않은 가족사가 있었어. 시어머니는 남편을 출산함으로써 가정에서 확고한 지위를 차지했고, 냉랭하고 못마땅한 표정으로 가족들의 삶을 지배했어. 남편은 어려서부터 시어머니의 기분에 민감했지. 남편이 착하고 공부 잘하면 시어머니는 만족스런 표정을 지었어. 할아버지는 사랑이 넘쳤지만 시어머니가 어떻게 하건 전혀 간섭하지 않았지. 할아버지는 시아버지와 마찬가지로 시어머니의 끊임없는 변덕을 견뎠어. 시아버지의 사업이 안 되자 시어머니는 당신 남편을 결코 용서하지 않았어. 시어머니는 할아버지에게 그에 대한 책임이 있다고 보았지. 시어머니는 할아버지가 무능력한 사업가라서 전후 시대 자신의 기술을 너무 헐값에 팔아 형편을 악화시켰다고 생각했어. 시어머니는 선량함이나 온순함과는 거리가 먼 사람이었지.

게다가 시어머니는 너무 빨리 갱년기에 들어섰어. 남편을 낳고 아들 하나를 더 낳은 후에 자궁을 들어내는 수술을 했는데 서른도 안 되어서였어. 약물 과다로 시어머니는 머리카락이 빠졌지. 그리고 그로 인해 매우 고통스러워했던 것이 틀림없어. 남편은 학창 시절 사랑스럽고 부드러운 엄마의 모습을 거의 본 적이 없다고 하더군. 늘 요구하는 변덕스러운 모습과 비난에 찬 눈길만이 눈에 생생할 뿐이라고 했어. 무엇보다 시어머니가 할아버지에게 그렇게 마구 대했던 것을 남편은 결코 용서하지 못했어. 시아버지도 그것을 알고 있었지만 아무것도 하지 못했지. 그래서 어릴 적 나의 남편은 할아버지가 매일같이 견뎌야 했던 멸시를 자신의 것으로 받아들였어. 남편은 할아버지가 돌아가신 후까지 할아버지를 대신해 고통스러워했지.

이런 원초적인 굴욕감은 그후로도 남편의 삶에서, 무엇보다 무기력한 사람들을 마주 대할 때마다 되살아났어. 시어머니의 계속되는 신경질에 나머지 가족들은 늘 긴장하고 살았지. 가족들은 계속 시어머니에게 눌려 살았어. 아무도 저항하지 못했지. 결국 시어머니에게 협심증이 찾아왔고, 시어머니는 병을 안고 살아갈 수밖에 없었어.

대신 막내이모는 남편을 아주 사랑해주었지. 남편은 막내이모로부터 시어머니가 충족시켜주지 못하는 사랑을 조금이나마 채울 수 있었어. 우리의 관계가 불안해졌을 때 남편은 이런 유아적인 사랑의 갈구를 되풀이했던 거야. 그 밖에도 남편은 다툼에 관해서는 결코 남성 특유의 행동양식을 습득하지 못했어. 그렇게 보면 젊은 날 우리가 만난 것은 오늘 서로에게서 배우기 위해서였을까?

나는 집에서부터 배운 행동양식을 구사했어. 엄마의 목적 지향적인 직업 활동, 아버지의 격렬하고 끈질긴 승부욕, 엄마에 대한 아버지의 감정적인 거리감, 그리고 아버지에 대한 엄마의 거의 참을 수 없는 동경……. 이런 것들을 혼숫감으로 가지고 갔지. 나의 남편은 아버지에게서 배운, 싸움을 회피하고 엄마의 필요를 채우는 행동양식을 지향했어. 남편이 시어머니에게 굴복하지 않으면 시어머니는 고통스런 표정으로 자신의 희생적인 행동을 강조했지. '우선은 엄마가 원하는 것, 다음으로 자신이 원하는 것.' 이것이 남편이 자라온 가정 분위기였어.

남편과 나는 상담을 받으며 우리의 성장 과정을 좀더 거리를 두고 바라볼 수 있었어. 우리는 원하면 족쇄를 끊어버릴 수 있는 세대였지. 물론 그것은 쉽지 않은 일이었어. 하지만 우리 속에서 뭔가 해묵은 것이 자꾸만 걸림돌이 된다는 느낌이 들면 그것을 살필 필요가 있지.
　왜곡된 가족 모델에도 불구하고 우리에게 피난처는 있었어. 남편과 나에겐 사랑이 넘치는 할아버지가 있었지. 남편은 나보다 더 오래 할아버지와 함께했어. 또한 우리 둘은 어머니를 대신해 사랑해주는 사람들이 있었어. 남편에게는 막내이모였고, 내게는 큰고모였지. 큰고모는 일찍이 내게 있는 재능을 알아채고 밀어주고 싶어 했어. 하지만 유감스럽게도 나는 큰고모를 일 년에 한 번씩밖에 만날 수 없었지. 큰고모가 내 이야기를 들어주고, 나와 동생들에게 재미있는 이야기를 들려주었던 아름다운 시간들이 기억나. 방학 때 큰고모 집을 방문하면 큰고모는 매일 출근을 해야 했음에도 우리를 위해 기꺼이 시간을 내주었지. 큰고모는 가족에 대한 동경을 우리가 채워주었다고 나중에 말했어. 큰고모는 결혼하지 않고 아이도 낳지 않았거든. 하지만 우리

형제들을 진심으로 사랑해주었지. 큰고모는 나의 마음속에 언제나 자리하고 있어.

한나, 너도 알다시피 우리 부모님과 조부모님의 세대는 참으로 어려웠어. 전쟁에 대한 뼈아픈 기억들은 많은 사람을 정신적 불구로 만들었어. 슬퍼하지도, 깨닫지도, 반성하지도 못하는 그분들은 우리의 짐이 되어버렸어. 하지만 우리는 이제 그 짐을 벗어버릴 수 있지. 이런 생각은 내가 화해하고 용서하는 데 도움이 되었어. 뒤틀린 관계가 해결되는 데는 적어도 3세대가 필요하지. 우리 역시 우리 자녀들에게 정신적 유산을 남겨줄 것이고, 아이들은 나중에 그것들을 해결하기 위해 애를 써야 할 거야.

상담을 통해 남편과 나는 서로에 대해 무엇을 배울 수 있는지를 알았어. 남편은 갈등 상황을 전처럼 너무 빨리 회피하지 않는 것. 나는 모든 일을 즉각적으로 해결하지 않고 일단은 좀 내버려두는 것. 행동을 변화시키는 건 정말이지 쉽지 않았지만, 다시는 이런 일을 겪고 싶지 않다는 생각만으로도 우리는 기꺼이 배우고 깨닫고자 했어.

'깨달음'의 해는 우리에게 정말 좋았어. 깨달음은 사랑스런 분위기 속에서 이루어졌지. 변화는 그럴 때 가장 잘 일어나는 법. 이 시기에 우리는 우리 둘에게만 신경을 썼고, 우리의 감정과 생각에 대해 끊임없이 대화를 나누었어. 우리에게만 집중하는 시간이었지. 나는 다툼에서 바로 끝장을 보지 않고 자제하는 연습을 하게 되었고, 남편은 내게 제한선을 그을 줄 알게 되었어. 남편은 내 상태가 별로 좋지 않을 때 버티는 법을 배웠지. 나는 그의 엄마처럼 별로 사랑을 앗아버리는 사람이 아니었어. 과거의 상처는 치유되어야 했어. 그런 다음에야 새로운 공동생활에 성공할 수 있었지.

나는 남편이 나를 이해하지 못할 때 반항적으로 구는 대신 적절한 시기를 틈타 나의 감정을 이야기했어. 이제 우리는 서로를 소유물로 보지 않게 되었어. 우리처럼 오랫동안 함께해서 서로에 대해 속속들이 알고 있다고 생각하는 부부는 서로를 소유물로 보기 쉽지.

나는 호숫가에서 남편을 새로이 알게 되었어. 그곳에서 남편의 새로운 상처와 오래된 아픔에 대해 들었고, 남편의 오래된 동경과 새로운 상상에 대해 알게 되었어. 우리는 이제 새롭게 사랑에 빠져도 되었지. 이미 오랜 세월을 함께한 부부가 그렇게 되는 경우가 얼마나 자주 있을까?

  그 한 해는 우리를 아주 다른 사람으로 만들었어, 한나.

  우리는 마치 변신한 것 같았어. 이제 우리는 각자 스스로를 보호하는 영혼의 방을 갖게 되었어. 이것은 내게 아주 새로운 일이었지. 전에는 모두가 방해 없이 나의 영혼에 침투할 수 있었거든. 하지만 이제 우리 두 사람은 자신만의 내적인 공간을 찾았어. 나는 이제 상대방의 방에 들어가고 싶을 때마다 노크를 하지. 그것이 내가 배워야 할 가장 중요한 것이었던 것 같아.

"사랑을 하는 사람만이 비상할 수 있다"

1997년 3월

우리의 사랑은 그 어느 때보다도 아름다워졌다. 나는 그 낯선 여자에게 감사해야 할 지경이다. 나는 우리의 위기 속에서 또 하나의 장애물을 넘어서야 했다. 무조건적으로 남편을 다시 원했기에 나는 주도권을 잡아야 했다. 여자는 이러이러해야 한다는, 오래전부터 존재해온 터부는 해체되었다. 나는 난생 처음 맹목적으로 욕망했고, 그런 태도는 나 자신에게까지 에로틱하게 느껴졌다.

"여자는 호락호락해서는 안 된다. 자신의 욕망을 고삐 죄지 않은 채 내보이는 여자는 창녀와 같다. 아무나하고 자는 여자는 아무도 가지고 싶어 하지 않는 닳은 손수건과 같다. 여자들은 구애를 받아야 하고 정복당해야 한다."

나는 이제 자라면서 귀에 박히도록 들었던 이런 경고를 내던지고 나를 주저 없이 표현하기 시작한다. 그렇다. 주저 없이……. 나의 욕구를 허용하고 그것에 대해 부끄러워하지 않는다는 의미에서 말이다. 주체적이고 여성적이고 자유롭게, 거리낌 없이 사랑하고 즐길 수 있다는 것은 정말 멋진 일이다.

아마도 나는 남성 호르몬인 테스토스테론의 추진력을 경험하고 있는 듯하다. 그것이 나를 더 힘 있게 달구는 게 아닐까? 어쨌든간에 그런 건 중요하지 않다. 남편은 오랫동안 내가 간절히 원하면서 몰입하는 모습을 보지 못했다. 남편은 내가 그렇게 되기를 애타게 바랐는데……. 나 역시 내게 이런 면이 있는 줄을 몰랐다. 이런 나를 경험하는 것은 내게도 놀라운 일이다. 우리는 상당히 빨리 이런 놀랍도록 편안한 상태에 익숙해졌다. 쾌락에 비중을 두며 갱년기를 보내는 것은 나쁘지 않은 듯하다. 오히려 그것은 놀라운 선물이다. "사랑하는 사람만이 비상할 수 있다. 산을 넘고 고개를 넘고 개천을 건너, 주름과 갱년기를 건너...... 숨어서 울지 마라. 그러나 우는 것도 나쁘지 않은 일, 긴장을 풀고 나아가 보라. 그리고 행복하라."라고 CD 속의 가수는 노래한다.

아, 한나, 그것은 기습적이었어! 오래된 터부의 해체! 나는 터부를 깨는 행동은 물론이고, 터부시되는 것에 대해 말하는 것도 얌전하지 못한 일이라고 배웠어. 결혼해서 질서 있는 결혼생활을 꾸려야 하며, 시험 삼아 이 사람 저 사람 사귀며 결혼하지 않거나 늦게 결혼하는 사람들은 품행이 방정하지 못한 사람들이라고 말이야. 이런 이원론적인 도덕관은 아주 오랜 세월 나를 낚싯바늘에 대롱대롱 매달고 있었어.

별거하기 시작한 해는 유종의 미를 거두었어. 주중에 우리는 엄마 아빠가 되어 남편의 집에서 지냈고, 주말에는 나의 조용하고 조그만 집에서 다시 연인이 되었어. 우리가 별거 생활을 하고 있다는 것은 문제가 되지 않았어. 나는 내적으로 과거의 오래된 부담에서 자유로워질 수 있었기에, 외부로 드러나는 급진적인 자유의 몸짓이 더 이상 필요 없게 되었어. 혼자만의 집을 가지고 싶었던 꿈은 현실에 옮겨지자마자 빠르게 해체되었지.

그런데 우리가 각자 본거지를 갖고 끊임없이 함께 이리 옮겼다 저리 옮겼다 하는 생활 속에서 나는 종종 아쉬움을 느꼈어. 나는 계속 뭔가 부족했지. 남편 집에 있을 때면 긴 치마에 어울리는 신발이 없었어. 그러는 동안 나는 모든 것을 거의 두 개씩 갖추고 있었어. 드라이어도 두 개, 속눈썹 집게도 두 개, 거위 구이 판도 두 개……. 나의 집에 올 때면 남편은 자신이 즐겨 입는 셔츠를 그리워했고, 꽉 차 있는 큰 냉장고를 아쉬워했어. 남편은 이즈음 나의 멋진 개인 요리사로 자리매김했지. 난 남편의 요리가 너무나 마음에 들었고, 그것은 내 엉덩이를 날로 살찌웠어. 향기 나는 로즈마리와 신선한 파르메산 치즈를 얹은 버섯 리조토, 바삭하게 구운 샐비어와 살짝 구운 마늘을 얹은 스파게티. 남편이 차려주는 음식을 나는 맛있게 먹었어. 우리는 정말 잘 지냈지.

3부

변화로 나아가는 사랑

1997-1999

갱년기는 놀랍다

1997년 겨울

나는 갱년기에 대해 더 알아보기로 작정했다. 우선 나 자신의 갱년기에 대해서 말이다. 나는 진찰을 받기 위해 산부인과 의사를 방문했다. 내 상태는 좋다. 누가 보더라도 말이다. 나의 체중은 더 이상 드라마틱하게 요동치지 않는다. 서서히 균형이 잡히고 있다. 쾌락의 휴가가 한 번 끝날 때마다 3킬로그램씩 더 붙는다. 이제 9킬로그램이 붙었다. 주로 배에 말이다! 베이컨말이는 엉덩이를 탱탱하게 만든다. 남편은 그래도 보기 좋다는 말뿐이다. 남편은 정말로 새로이 내게 붙은 살들을 사랑한다. 전에는 이렇게 부드럽고 둥근 몸매를 가진 적이 없었는데…… 사춘기에 발육이 덜 이루어졌던 나는 갱년기에 전성기를 맞았다. 피부는 깨끗하고, 머리칼은 흰머리가 있지만 매끈하다. 기분은 가끔씩만 가라앉는다.

남편도 비슷한 부위에 살이 붙어 몸무게가 늘어났다. 대신 머리카락은 군데군데 빠진다. 남편의 머리카락은 벌써 몇 년 전부터 줄어들고 있어서 이목구비가 강조된다. 수염은 예나 지금이나 덥수룩하고, 온몸의 털과 머리 모양은 털이 하얗게 센 고릴라를 연상시킨다. 마흔을 넘어서면서 남편은 점점 더 봉제인형과 닮아간다. 남편은 발 편한 운동화처럼 컨디션이 좋고 자전거도 가끔만 탄다. 주말이면 나와 더불어 편안히 뒹굴뒹굴하거나 책을 읽거나 텔레비전 채널을 여기저기 돌려댄다. 우리는 아주 잘 지낸다.

우리를 상담해준 심리치료사도 같은 생각이었다. 그녀는 우리 두 사람을 위해 새로운 결혼 약속을 상징하는 감동적인 의식을 계획해주었다. 지금도 그때 생각을 하면 가슴이 뭉클해진다.

심리치료사는 그날 상담실을 오렌지색 꽃으로 장식해놓고 남편과 나로 하여금 서로 마주 보고 서게 했다. 그리고 젊었을 적 결혼식에서 했던 약속을 되풀이하게 했다. 행복과 슬픔의 눈물이 번갈아 나의 볼을 타고 흘러내렸고, 남편도 무척이나 감동한 듯 훌쩍였다.

이제 우리는 좋은 때나 나쁜 때나 함께하고 서로를 사랑하며 존중한다는 것이 무슨 의미인지 알고 있다. 상대방의 인격을 존중하는 것, 이제 우리는 그것을 가장 중요한 자리에 놓는다.

심리치료사는 작별을 고하면서 내게 스위스 작가 율리아 옹켄의 《여성의 불꽃 신호— 갱년기에 대한 보고》라는 책을 추천해주었어. 그녀는 눈을 찡긋하면서 "마치 자신의 이야기처럼 느껴질 거예요!"라고 말했지. 그리고 나와 남편을 사랑스럽게 안아주었어.

그녀는 얼마나 나를 잘 알고 있었는지. 나는 단번에 그 책에 빨려 들어갔고 손에서 놓을 수 없었어. 내 기억 주머니 속에 저장된 지난날의 난기류들이 되살아났지. 정신적 성장에 고통이 따르는 것은 아주 당연한 일이었어.

성장의 고통은 사람마다 모두 다르겠지. 모두가 나와 똑같은 일을 겪을 필요는 없을 거야. 우리 모두는 각자 서로 다른 것과 이별해야 하지. 부모로부터 물어보지도 않고 넘겨받았던 습관이건, 우리와 다른 삶을 살아내는 자녀를 통한 도전이건, 사랑하는 사람과 계속 공생하고자 하거나 안정된 환경에 들어가고자 하는 유아적인 동경이건 간에 말이야.

인생의 길을 걷다보면 많은 배역 교체와 자리 바꾸기가 진행돼. 우리는 자신에게 더 이상 맞지 않는 사람들을 우리의 인생 기차에서 내리게 하고, 그 중 변화를 용인할 수 있는 사람들은 다시 태우기도 하지.

내게는 호르몬의 춤추기가 주로 내면적으로 이루어졌어. 나는 다양한 시각을 경험했고, 나의 시각은 변화되었고, 구습과 이별했고, 빨갛고 통통한 사과처럼 성숙했지. 이제 나는 첫 번째 인식의 나무에서 쿵 하고 떨어져 한나, 네 발 밑으로 굴러왔어. 네게 내 이야기를 해주기 위해서 말이야.

새로운 도전

1998년 봄

나는 율리아 옹켄의 《여성의 불꽃 신호》를 읽은 다음 이렇게 생각했다. '사랑하는 하느님, 이런 상황에 대해 모든 부부들이 알아야 할 텐데요. 그래야 변화된 공동생활에 올바로 대처하고, 자신을 이상하게 생각하지 않을 텐데요.'

불현듯 장기적인 비전이 떠올랐다. 나는 작은 가게를 포기하고 뭔가 새로운 것을 시작하기로 결심했다. 나는 오래전부터 새로운 직업에 도전하고 싶었다. 책의 마지막 부분에서 율리아 옹켄이 설립한 '스위스 여성 세미나'의 주소와 연락처를 발견했다. 나의 직관을 따라야 할까? 나는 팸플릿을 받아 본 후 율리아 옹켄에게 내가 갱년기에 겪었던 일들을 두루 써서 보냈다. 그리고 곧장 답장을 받았다. 뜻밖의 일이기에 나는 매우 기뻤다. 율리아 옹켄은 내게 다른 여자들과 허심탄회하게 대화하며 나의 언어적 재능을 활용해보는 게 어떻겠느냐면서 용기를 주었다.

그러는 동안 남편은 짐을 싸서 내 집으로 아예 거처를 옮겨왔다. 남편의 짐을 실은 이사 트럭 속에서 라디오가 "너와 나 영원히……"라고 지저귀었다. 우리는 마치 생애 처음으로 함께 사는 것처럼 행복하다. 남편의 책들을 도저히 풀어놓을 곳이 없다는 사실도 별로 신경이 쓰이지 않는다. 아들은 자신만의 거처를 얻어 독립했다. 우리는 아들이 학교를 졸업할 때까지 방세를 내줄 생각이다. 아이들을 독립시키는 데는 돈이 든다. 대신에 신경 쓸 일은 없어진다.

한나, 그 여름에 우리는 함께 스위스에 갔어. 남편은 '갱년기 세미나 강사'로 훈련받겠다는 내 생각에 대 찬성이었지. 남편이 없어도 밀고 나갔겠지만, 남편의 전폭적인 지지를 받으니 더욱 좋았어. 세미나 참석자 중심으로 대화를 끌어 나가는 능력은 수년 간의 자원봉사 활동을 통해 이미 훈련된 상태였어. 연말에 나는 가게를 양도하기로 했고, 이런 결정만으로도 마치 무거운 짐이 떨어져 나간 것처럼 어깨가 가벼웠지. 이제 더 이상 내 앞에 놓인 크리스마스 대목이 두렵지 않았어. 힘들게 소포를 싸고 끌고 다니는 것도……. 이제 끝이 보이니까 말이야.

그 전에 우리 딸이 결혼을 했어. 우리는 딸의 결혼식에서 은밀하게 우리의 재결합도 함께 축하를 했지. 나는 젊은 사람들과 함께하는 축제를 즐겼어. 남편과 내가 정말로 헤어졌더라면 우리는 그 사랑의 축제에서 다시 얼굴을 마주했겠지. 남편도 나도 이런 생각이 들어 서로를 꽉 껴안고 춤을 추었고 옛 기억들을 더듬었어.

그리고 스위스에 가기 전, 나는 월경을 했어. 월경이 끊긴 지 2년이 넘었는데 말이야. 나는 놀라서 곧장 책을 뒤졌지. 놀랄 이유는 없었어. 스트레스를 받으면 다시금 에스트로겐이 분비될 수 있다고 나와 있었어. 정체되어 있던 자궁점막이 떨어져 나간다는 거야. 그러니까 엄밀한 의미에서 그것은 월경처럼 보일 따름이지 월경이 아니야. 하지만 나는 스트레스를 받지 않았는데! 긍정적인 스트레스도 동일한 현상을 유발하나봐.

스위스에서 배우고 들은 모든 내용은 쉽고 이해할 만했어. 나는 내 안의 '호르몬의 춤'을 잘 알고 있었고, 그동안에 이런저런 스텝들을 상당히 잘 구사하는 상태였지.

호르몬의 변화는 우리 속에 잠재되어 있던 성격을 드러내는 데 도움을 줘. 나는 갱년기의 표지들을 해석하고, 그것들을 다른 시각에서 보는 것을 배웠어. 수업을 받아가면서 나는 아무것도 모르고 갱년기를 항해하면 좌초할 위험이 크다는 것을 더욱 분명하게 느꼈어. 나이 든다는 게 재미있는 보드게임이 아닌 것은 틀림없어. 나와 함께 이 과정을 졸업한 여자들 중 많은 수는 인생의 중반에 관계가 깨지는 불행을 겪은 사람들이었지. 나는 많은 슬픈 이야기를 들어야 했어.

갱년기는 내적인 변화를 향한 부름이야. 낡아빠진 삶의 시기는 끝이 나고 새로운 것이 시작되지. 하지만 우리는 어떤 길로 가야 할지 알지 못하고 두려워하지. 한나, 이 내적인 두려움을 극복하는 것이 성장의 첫걸음이야. 이미 이야기했듯이 성장하는 데는 물론 아픔이 뒤따르지. 많은 사람들이 겉으로는 성숙해 보이지만 내적으로는 불안하게 절뚝거려. 갱년기는 우리에게 도전을 해. 우리가 삶의 새로운 부름을 거부하면 그것은 나중에 우리를 덮쳐오지. 어느 순간 예기치 않게 말이야.

갱년기를 뜻하는 단어인 'Climacterium(독일어: Klimakterium)' 은 고대 그리스의 'Klimakter'라는 단어에서 유래했는데, 이 단어의 원래 의미는 '계단' 또는 '사다리의 발판'이라는 뜻이야. 그러니까 "한 단계에서 다음 단계로 올라간다는 의미인가요?"라고 한나 넌 내게 물었어.

나는 인생의 사다리에서 미끄러졌어. 다시 애써서 기어오르는 것이 처음에는 무척 힘들었지. 하지만 그것은 너도 알다시피 보람이 있었어. 위기가 곧 성장의 기회라고 사람들은 말하지. 하지만 정말 제대로 알고서 그런 말을 하는 경우는 드물어. 스스로가 곤궁에 빠져 있을 때는 그런 말에 귀를 막아버리지. 실수는 곧 실패로 여겨지고 말이야. 나도 예전에는 그렇게 생각했어. 하지만 이제 자신에게 실수를 용인하고 고백할 수 있는 사람은 약한 사람이 아니라 강한 사람임을 알게 되었지. 실수의 행위는 시도를 하고 오류를 범하는 것을 의미해. 그러려면 용기가 필요하지. 나는 앞으로 '실수'라는 단어를 쓰지 않을 생각이야. 삶의 각 시점에서 우리는 최선을 다하지. 때로는 자신을 위해 다른 사람과 반대되는 결정을 할 수밖에 없는 경우도 있어. 나 또한 그렇게 했어. 나의 남편도. 중요한 것은 우리가 서로를 용서할 수 있었다는 것이지. 기꺼이 용서를 하려는 마음은 우리의 오랜 사랑을 굳게 만들었어.

스위스에서 나는 정신적인 절정에 도달했어. 나는 남편과 더불어 그곳에서 난생 처음으로 가장 아름답고, 가장 감동적이고, 가장 솔직한 여름을 보내었어. 늦여름은 우리에게 너무나도 매력 있게 다가왔어. 나를 달아오르게 한 것은 찌는 듯한 더위가 아니었어. 우리의 기분은 마지막에 이른 겨울이 뛰어오는 봄에게 인사를 하는 것처럼 아주 유쾌했지.

집으로 돌아온 나는 발꿈치가 닳도록 돌아다녔어. 첫 강의는 정말 도전이었지. 나의 '축적된 지식'과 '귀중한 경험'을 듣고자 모인 사람은 고작 스무 명! 하지만 백 명의 여자였다면 나는 감당할 수 없었을 거야. 아주 떨렸거든. 여기까지 온 것만도 다행이었지. 나중에 나는 그 일을 아주 높이 평가했어. 내가 강의한 곳은 아주 시골이었거든. 유행이 전달되기까지 아주 오래 걸리는 곳. 나의 열광적인 청중은 모두 그런 시골에 사는 여성들인 건 지금도 마찬가지야. 그들은 아몬드 초콜릿 상자에 든 초콜릿처럼 나를 중심으로 빙 둘러앉지. 언젠가 그 중 한 사람이 "골라봐요. 아주 탁월한 맛일 거예요."라고 농담을 던졌어.

첫 강의에서 여자들은 내가 유머를 구사해도 별로 웃지 않았어. 갱년기라는 주제는 그들에게 아주 심각한 것이었지. 그러나 이야기가 파트너 관계의 문제로 접어들자 매우 활기를 띠었어. 나는 이후로 이런 경험을 점점 자주하게 되었지.

세미나 강사로서의 활동은 쉽지 않았어. 나는 나의 사명에 열광했지만, 중년 여성들이 갱년기에 관심을 갖도록 만드는 것은 그리 쉽지 않았지. 많은 여성들이 갱년기를 늙고, 시들고, 매력이 사라지는 현상으로 생각했어. 나의 활동이 성공을 거두기까지 나는 힘든 길을 걸어야 했지.

헤어져야 할 시간

1998년 말

나의 가게 문이 닫힌다. 전에 그렇게 원했던 근사한 집과 마찬가지로 가게 역시 내적인 변화의 소망을 보여주는 표지였다. 그러나 나는 이제 새로운 직업에 더없는 편안함과 자유로움을 느낀다. 자기 외에 아무도 책임질 필요가 없다는 건 멋진 일이다. 친구들은 내가 정말로 가게에 대한 미련을 버렸다는 걸 아직도 믿지 못한다. 하지만 그건 사실이다. 이번

일은 내가 인생에서 그리도 많이 저질렀던 성급한 결단이나 경솔한 결정으로 이루어진 것이 아니다. 심사숙고해서 행동으로 옮겼다.

남편도 마음이 가벼운 듯하다. 난 이제야 비로소 가게가 남편에게 얼마나 부담이었는지 알 것 같다. 남편이 피부로 느껴야 했던 재정적 압박은 너무도 컸다.

나는 내가 이런 식으로 독립했던 것을 후회하지는 않는다. 그 반대다! 단지 '지금 같으면 좀 다르게 시작했을 텐데……' 하는 마음이다. 더 신중하게, 더 멀리 보면서 말이다. 하지만 이 일은 그 자체로 나의 다음 무대를 위한 탁월한 발판이 되어주었다. 나는 이 일을 통해 자신을 주장하고, 사회적으로 용인되는 태도를 취하는 법을 배웠다. 약삭빠른 사업가들과 어려운 고객들을 대하면서 대인관계 능력이 개선되었다. 더 빨리 다른 일을 할 수도 있었을 텐데……. 그러나 당시에는 아무 일도 추진할 수 없었다.

이제 갱년기는 더 이상 남편에게도 금기의 주제가 아니다. 스위스에서 남편은 여자들 틈에 끼여 갱년기에 나타나는 남성의 돌발적인 신열에 대해 이야기했다. 여자들은 남편을 둘러싸고 궁금한 것을 물어보며 솔직함에 매혹되었다. 여자들은 남편을 멋지다고 생각했다. 나 역시 마찬가지다! 우리는 행복하고, 이 행복은 정말 신비롭다. 그래서인지 낯선 사람들이 우리에게 갓 결혼했느냐고 묻는다.

정말로 우리 둘에게만 집중했던 시간들이었어, 한나. 나는 남편에게 더 이상 설명할 필요가 없었고, 쓸데없는 토론도 할 필요가 없었어. 우리는 거의 말없이 서로를 이해했어. 갓 사랑에 빠진 연인처럼 서로의 눈만 봐도 상대방이 원하는 걸 알 수 있었지. 젊었을 적 막 사랑에 빠졌을 때와 다른 점은 우리가 그동안 서로에 대해 많은 것을 알게 되었고, 이 지식이 함께하는 삶에 가치 있는 정보가 된다는 것이었어.

나는 강의와 세미나로 생계비를 벌기 위해 많은 노력을 했어. 갱년기의 여자는 힘들게 돈을 벌었지. 강의와 세미나로 받는 돈은 오랫동안 생계비에 못 미쳤어. 내가 절망하려 할 때마다 남편이 용기를 북돋워주었지. 남편은 나를 정신적으로 뒷받침해주었고, 내가 힘들어할 때 매니저 역할을 해주었어. 이번에는 강한 여자 뒤에 여자를 뒷받침해주는 강한 남자가 있었지. 나는 남편이 내 옆에 있다는 것이 감사했어.

크게 부딪치는 경우는 아주 드물었지. 하지만 부딪칠 때마다 우리는 재빨리 배운 내용을 머릿속에서 뒤적여 꺼냈고, 남녀 특유의 서로 다른 의사소통 방식을 존중하려고 노력했어. 나는 아주 드물게 테스토스테론에 실려 불끈 화를 내었고, 남편은 그보다 더 드물게 남성적인 거부를 행사했어. 우리는 결코 완전하지 않았어. 우리의 결혼 상자는 가끔 격하게 덜컹거렸지. 그럼에도 불구하고 우리는 꼭 화해를 하고 잠자리에 들었어. 우리가 싸우기에는 잠자리가 너무도 아름다웠거든.

그래, 한나. 믿을 수 없는 일이 이루어졌어. 우리가 서로의 이야기를 집중력 있고 주의 깊게 경청하기 시작한 거야. 우리는 전과 다르게 생각했지. 지나간 날의 퇴색한 영상은 거의 사라지고, 나는 계속 남편의 새로운 면을 발견했어. 남편은 옛날처럼 고집스럽지 않았어. 남편이 스스로에게 강요했던 경직된 태도는 점점 새로운 욕구에 대한 섬세한 감정으로 바뀌었지.

남편은 이제 인간관계에 관심을 가지기 시작했어. 많은 위기의 원인이 채워지지 않은, 이상화된 동경 때문이라는 것을 몸으로 체득했기 때문이지.

가장 좋은 점은 내가 남편에게 더 이상 대화를 종용하지 않아도 된다는 것이었어. 남편은 내게 심지어 자신의 꿈 이야기까지 털어놓기 시작했어. 때로는 내가 꿈을 해석해주기도 했어. 얼마나 놀라운 변화인지! 나는 갱년기가 남편에게도 놀라웠을 것이라고 생각해!

이즈음 나의 아버지가 돌아가셨어. 내 가슴은 무너져 내렸지. 우리와 함께했던 아버지의 마지막 크리스마스는 특별했어. 아버지는 우리 아이들에게 사랑이 넘치는 할아버지였고, 내게는 나이 들어갈수록 더욱 다정다감하고 관심 써주는 아버지였지. 많은 이야기를 나누거나 표시를 내지는 않아도 나는 말년을 맞은 아버지의 사랑을 느꼈어. 아버지는 자신이 젊은 날 가족에게 소홀했던 것을 두고 무척 괴로워했지. 나는 그것을 알았고, 아버지가 병상에 있는 동안 많은 대화를 통해 아버지와 화해했어. 내가 일찍이 남성의 갱년기에 대해 알았더라면 아버지에게 좀 도움이 되었을까? 아마 별로 그러지 못했을 거야.

사랑하는 한나. 우리는 몸과 영혼을 얼마나 자주 학대하는지 몰라. 아버지는 "나는 내 육체를 혹사시켜. 내 몸은 내 의지에 복종해야 해."라고 말씀하시곤 했지. 젊은 사람들도 하기 힘든 정원 일을 당신이 얼마나 거뜬히 해낼 수 있는지를, 그리고 당신이 얼마나 술이 센지를 과시하며 했던 말이야. 아버지는 언제나 젊은 사람의 기준에 맞추었어. 마지막까지 자신의 힘이 약해져간다는 걸 인정하지 않으려 했지. 그런 행동은 몸을 고통스럽게 할 뿐, 결코 자신을 존중하는 행동이 아니었어. 아버지는 그 사실을 몰랐던 거지.

한나, 남편과 어떻게 지내? 너희 부부는 우리보다 일곱 살이나 어리잖아. 넌 몇 주 전에 때로는 쾌락을 되찾을 필요가 있다고 말했어. 무엇보다 너희 부부가 아주 팽팽하게 긴장되어 있을 때는 말이야. 그래도 넌 그 사실을 의식하고 있으니 다행이야. 한나, 너무 걱정하지 말아. 남자의 변화는 여자와 마찬가지로 아주 내면적인 과정이야. 너희 부부 사이에 대화가 살아 있고, 서로를 포용한다면 욕구는 다시 상승할 거야.

남편을 보면 나는 그가 정신적으로 달라졌다는 것이 느껴져. 남편은 아이들에게 더 유연한 태도를 보이게 되었어. 무엇보다 아들에게 말이야. 남편은 끊임없이 설교하지 않고 들어줘. 늘 그런 태도를 취하는 게 쉽지는 않겠지. 직장생활을 해야 하고, 기력이 떨어지고 있음을 느껴야 하고……. 계단을 오를 때면 남편은 정말 기관차처럼 쉭쉭거려. 하지만 더 이상 화풀이를 하지는 않아. 사람들과 시끄럽게 어울리는 걸 즐기지도 않고. 그래서 그와 함께 더 조용하고 아늑하게 지낼 수 있지. 그 전에도 이렇게 유쾌하게 지낼 수 있었을 텐데 말이야.

그런데 이제 내게 또 하나의 이별이 닥쳐왔어. 너무나도 힘든 이별이었지. 우리는 암 선고를 받은 아버지가 3년이나 사시는 게 가능하지 않다고 생각했는데, 그 시간들은 정말로 선물받은 시간이었어. 나는 그 시간들을 될 수 있는 한 아버지와 함께하려고 노력했지. 아버지는 내게 싸우는 법을 가르친 사람이야. 명확하게 표현하는 것, 입장을 고수하는 것, 참는 것, 그럼에도 불구하고 속으로는 계속 사랑하는 태도를 유지하는 것. 나는 마지막에야 비로소 아버지가 가르쳐준 것들이 어디까지인지 깨달을 수 있었어.

세미나를 할 때마다 아버지가 선물해준 솔직한 언어들은 매우 유용했어. 나는 많은 사람들이 결코 입 밖에 내지 못하는 말까지 서슴지 않고 말할 수 있었지. 아버지는 청소년 시절 나에게 혹독한 수업을 시켰던 거야. 자라나는 남동생들과 그들의 친구들도 내게는 선생님이었지. 나는 아주 어렸을 적부터 엄마의 권리를 대변해 싸웠고, 그로써 무의식적으로 세상의 모든 억압받는 자를 위해 싸웠어. 그러면서 남성적인 사고와 남자들의 정신세계를 잘 알게 되었지. 남자들의 말을 인내심 있게 경청해주었고, 그들로부터 많은 것을 배울 수 있었어.

그래서 나는 불의와 억압에 특히 민감해. 아버지가 제공했던 학습 기회에 대해서는 매우 감사하게 생각해. 꼭 필요한 순간에 가장 적절한 말을 할 수 있게 되었으니까.

이별의 의미

1999년 봄

나의 첫 손녀가 태어난 날 아침에 아버지가 돌아가셨다. 이럴 수가.

아침 열 시! 나는 딸에게로 가다가 그 소식을 들었다. 새로 태어난 아기를 위해 장미 한 송이를 들고 꽃가게를 나서는데 휴대 전화가 울렸다. 엄마는 "아버지가 돌아가셨다."고 속삭였다. 그리고 한 시간 후, 나는 아버지 곁에 도착했다.

약속이나 한 듯 남동생들도 도착했다. 우리 형제들은 아버지에게 마지막 인사를 했다. 엄마는 그동안 초조한 모습으로 창가에 놓인 꽃에 물을 주었다.

한나, 내가 이 이야기를 하는 이유는 아버지의 죽음으로 뭔가 불완전했던 것이 완전하게 되었기 때문이야. 나는 아버지에 대한 아주 유아적인 사랑을 조용히 마감할 수 있었어. 나는 마지막 가는 길에 아버지를 사랑할 수 있었어. 임종의 자리에서 나의 유아적인 사랑은 성장한 딸의 성숙한 사랑으로 승화되었지.

나는 아버지의 가슴에 얼굴을 대고 귀를 기울였어. 쥐 죽은 듯이 조용했어. 아버지의 발가락을 만져보았어. 발가락은 아직 따뜻했어. 귓불은 밀랍처럼 창백했지. 나는 아버지의 누런 이마에 드리워진 은빛 곱슬머리를 부드럽게 쓰다듬었어. 그리고 원래는 손녀를 위해 샀던 가시 없는 장미와 첫 손녀의 사진을 아버지의 주름진 손에 쥐어드렸어. 나의 아들이 할아버지에게 쓴 편지도 말이야.

실감이 나질 않았어. 아버지는 정말로 다시 우리에게로 돌아올 수 없는 것일까? 아버지를 결코 다시 볼 수도, 만질 수도 없는 것일까? 결코 다시 그와 말싸움을 할 수 없는 것일까? 그와 더불어 웃을 수 없는 것일까? 아버지의 아름다운 얼굴과 소파에 앉아 있는 작은 몸을 볼 수 없는 것일까? 세상이 텅 빈 것 같았어. 나는 아버지를 잃어버린 고아 같은 심정이었어.

다음날은 마치 솜에 싸여 있는 것같이 조심스러웠어. 나는 여전히 마음이 무거웠어. 아버지가 아무도 도울 수 없던 고통에서 벗어났다는 것, 아프고 수척한 몸이 동경하던 안정에 들어갔다는 사실을 생각하면 조금 위로가 되었지. 아버지는 집에서 조용히 돌아가실 수 있었어. 죽음과의 싸움은 끝이 난 상태였어.

사흘째 되는 날 나는 속으로 내 죽음에 대한 소망을 정리했어. 어떤 나무가 내게 어울릴까? 장기를 기증하거나 살기 위해 낯선 장기를 받고 싶지는 않았어. 장기를 끄집어내면 죽어가는 모습은 볼 수 있지만 죽은 모습은 볼 수 없어. 우리가 마지막 순간에 아버지와 그렇게 조용한 이별을 하지 못했더라면 어쩔 뻔했나 생각만 해도 끔찍했어.

죽어가는 사람의 마지막을 지킨다는 것은 커다란 선물이야.

이 이별은 우리에게 삶에 대해 많은 것을 가르쳐주지. 그래, 한나! 죽음은 삶에서 아주 커다란 의미를 가져. 그것은 무엇이 중요하고 무엇이 중요하지 않았는지를 보여주지. 이때보다 더 깊게 남편을 사랑했던 적은 없었어.

아버지가 치명적인 병에 걸렸다는 것을 처음 들었을 당시 나는 감당하기 어려운 충격을 받았어. 나중에 나는 사별, 질병, 헤어짐, 이혼, 실직 등의 큰 충격이나 계속되는 위기는 호르몬 수치를 대폭 낮춘다는 것을, 그래서 갑자기 월경의 휴지기(남자들에게는 남성 호르몬의 휴지기)가 올 수 있다는 것을 책을 통해 알았지.

호르몬은 몸 상태에 아주 민감하게 반응해. 정신은 신체의 모든 세포와 의사소통을 하지. 엄마의 역할을 즐겁고 자랑스럽게 떠맡는 여자들은 갱년기에 돌입하는 시기가 더 늦다는 보고들이 있어. 그러다가 이런 과제에서 해방될 때 신체적인 증상과 더 많이 싸워야 하지.

스트레스 강도가 높은 직업이나 힘든 조건에서 사는 사람에게는 갱년기가 더 빨리 온다고 해. 갱년기에 심신을 돌보지 않는 사람은 나중에 신체를 무시한 대가를 크게 치르게 되지.

한나, 너도 때로 지쳐서 익숙한 집안일이나 정원 일을 예전처럼 잽싸게 해치우지 못하는 것을 확인하게 되잖아. 넌 이제 신체가 점점 더 빠르게 하강 곡선을 그리게 되느냐고 물었지. 그것은 네가 앞으로 너 자신과 약해져가는 신체를 어떻게 다루는가에 달려 있어. 또한 신체의 에너지가 감소하는 동안 정신은 상승 곡선을 그릴 수 있단다. 하지만 그러려면 우리가 무엇인가를 해야 해. 어떻게 할 것인가는 계속해서 설명할게.

갱년기는 사다리를 오르는 것

1999년 초여름

나는 점점 걱정이 된다. 남편은 신체적으로 눈에 띄게 힘이 빠져 있고 하루 종일 쉬기를 원한다. 텔레비전 앞에 앉아 있는 것이 가장 편안한 듯하다. 일찍 출근하고 늦게 퇴근하는 나날들은 남편을 지치게 한다. 늘 시간에 등 떠밀려 아등바등하는 것은 그에게 스트레스가 된다. 남편은 운동도 거의 하지 않는다. 자전거를 타본 지가 언제인지 모른다. 하지만 우리의 의사소통은 계속 눈부시다. 나랑 함께 있으면 남편은 재충전이 되는 것 같다. 딸은 귀여운 손녀를 데리고 우리를 자주 방문한다. 그럴 때마다 남편은 자랑스러운 할아버지 티를 물씬 낸다. 딸은 매력적이고 젊으면서도 성숙한 엄마다. 딸이 태연하고 능숙하게 엄마 노릇을 해내는 것이 내심 놀랍다. 아기의 템포를 고려해가며, 아기에게 시간 계획을 맞춘다. 배가 고프면 젖을 먹이고, 기저귀가 꽉 차면 기저귀를 갈아주고, 목욕은 일주일에 한 번만 시킨다. 아기는 시시각각 살이 오르고, 환한 얼굴로 딸의 노고에 보답을 하고 있다. 우리는 딸과 손녀가 잘 지내는 모습을 보는 것이 행복하다. 남편은 할아버지라는 새로운 역할에서 삶의 활력을 찾고 있다.

그 사이에 일요일은 자연스럽게 가족이 모이는 날이 되었다. 우리 아이들은 사랑하는 사람을 달고 식사하러 온다. 아버지가 살아 계실 때 우리 집도 그랬다. 우리는 이 사랑스런 전통을 잇고 있다. 전에 아버지는 우리에게 요리를 즐겨 해주었다. 남편도 그렇게 하는 걸 보니 얼마나 좋은가!

나는 자주 아버지를 떠올린다. 나는 아버지가 손수 심은 가을꽃들을 부모님 집에서 우리 집으로 옮겨 심었다. 엄마가 제대로 돌볼 수 없기 때문이다. 그 꽃들은 이제 우리 집에서 자라고 만발할 것이다. 아버지의 꽃들이 피는 곳이 정말 집 같다.

나는 아버지로 인해 슬펐지만 신들린 듯이 강의와 세미나를 했어. 나는 슬픔을 처리하는 데 서툴렀고, 그에 대해서는 남편과도 별로 이야기하지 않았어. 나는 내 안의 이런 끝없는 슬픔이 언젠가는 지나가게 되리라 생각했어. 일과 손녀가 종종 슬픔에서 벗어나게 해주었지.

갱년기라는 주제로 청중을 열광시키는 것은 여전히 힘들고 고된 일이었어. 나에 대한 기사가 몇몇 신문에 실렸지. 어느 정도 사람들의 관심도 엿보였어. 하지만 이 주제를 공개적으로 인정할 용기가 부족한 것 같았어. 갱년기는 아직도 일종의 질병으로 취급되고 있으니까. 소위 '전문가'들의 이야기에 귀 기울일 때면 섬뜩한 느낌이 들 정도야.

사람이 뭘 모를수록 헷갈리고 불안하기 쉽다는 것을 넌 이미 오래전에 깨달았을 거야. 갱년기에 접어든 많은 여자들은 전문가들을 순례하며, "당신은 30대에 벌써 중년의 모습을 갖고 싶지는 않겠지요? 말라비틀어진 늙은 자두처럼 보이는 걸 원치 않겠지요?"라는 말을 들으면 순진하게 그 말에 복종해. 나는 그런 말에 강력히 항의하고 싶어. 최근 전문의 한 사람이 이렇게 말했어. "나는 잠긴 목소리만 들어도 그 여자가 갱년기에 있는지, 아니면 호르몬을 복용하고 있는지 안다."고 말이야.

물론 나는 호르몬을 복용하지 않아, 한나. 모든 것은 때가 있는 법이야. 나는 늘 중요한 일이 있으면 그 일을 꿋꿋이 밀고 나갔어. 그리고 이제 갱년기가 중요한 시기라는 것을 많은 여자들에게 ― 그리고 남자들에게도 ― 말해주고 싶어.

죽음의 그림자

1999년 여름

우리는 느긋해진다. 모든 일이 여유 있게 진행되고, 새로운 행복감이 밀려온다. 전에는 그렇게 서둘렀는데 이제는 내적인 고요가 느껴진다. 그것은 내게 훨씬 큰 만족감을 준다. 이제 고요하게 미래를 계획할 수 있을 듯하다. 끊임없이 안달복달할 필요가 없다.

남편은 휴가를 그리워하고 있다. 재충전은 느리고, 소모는 빠르다. 남편이 새벽에 잠을 이루지 못할 때면 나는 남편의 내적인 불안을 감지한다. 남편은 일요일에도 누워서 쉬지 못한다. 때로 전에 없던 강한 두통이 그를 괴롭힌다. 편두통이 엄습하는 것처럼 밤사이에 에스트로겐이 분비된다. 나는 남편이 땀에 흠뻑 젖은 채 이리저리 뒤척이며 내 옆에 누워 있는 것을 본다. 이마에서 송글송글 맺힌 땀방울이 떨어진다. 하지만 낮에는 아무렇지도 않은 듯 행동한다.

남편의 이런 모습을 더 심각하게 생각했어야 하는 건데! 하지만 나는 이때까지 남자들의 갱년기 증상에 대해 충분히 알지 못했어.

우리는 아이들과 함께 가족 모임에 갔어. 내 외가 집안의 다섯 세대가 모였지. 엄마 집안은 정말 장수 유전자를 지니고 있는 것 같았어. 그 날은 아주 날씨가 더웠는데 진작부터 나는 딸, 남편, 손녀와 함께 오후에 집으로 돌아갈 계획이었어. 그런데 남편은 더위를 피하겠다고 아들과 아들의 여자친구와 함께 오전에 출발했지. 우리는 잠시 헤어지게 되었어.

나는 남편을 먼저 보내고 휴대 전화를 자동차 안에 둔 채 옛 시가지를 유쾌하게 산책했어. 그러고 나서 작별 인사를 하러 이모 집에 들렀지. 이모는 어두운 표정으로 문을 열어주었어. 남편이 큰 교통사고를 당했다는 것이었어. 차가 다 망가졌다는데 다행히 남편과 아이들은 다치지 않았다고 했어. 그러나 나는 뭔가 다른 것을 느꼈어. 우리의 삶이 이제부터 마지막을 향해 갈 수 있겠구나 하는 것!

도착?

1999년 늦여름

사고는 흔적을 남겼다. 남편은 눈에 띄게 말이 없어지고, 잠을 잘 이루지 못하며, 처음으로 신경 안정제를 복용하기 시작했다. 나는 너무 걱정스러워 남편에게 시속 100킬로미터 이상으로 운전하지 말고, 더 이상 추월 같은 것은 하지 말며, 아니 이 기회에 아예 운전을 하지 말라고 잔소리를 해댔다. 나는 걱정으로 신경이 날카로워졌다. 그리고 이런 불안을 누구하고도 나눌 길 없어 상담을 받았다.

한나, 나는 남편의 후견인 노릇을 하기 시작했어. 내 삶에 끊임없이 죽음의 그림자가 어른거리는 걸 참을 수 없었지. 아무 일도 일어나지 않도록 남편을 붙들어 맬 수도 없었고, 유리 덮개로 그를 씌워놓을 수도 없었어. 황금 새장에 가두면 그의 생명 날개가 주춤거릴 것이고, 그를 과잉보호하고 마음대로 조종하려 하면 곧 나를 미워하게 될 것이니까. 그래서 난 다시금 상담을 받았어.

상담 후 나는 내가 아버지의 죽음을 미처 처리하지 못한 상태라는 것을 인정했어. 나는 다음 기회에《나는 너의 눈물을 보았다》의 저자인 요르고스 카나카키스 Jorgos Canacakis의 '슬픔의 세미나'에 참가하기로 마음먹었어. 내가 손녀를 귀여워하느라 아버지의 죽음을 끝까지 애도하지 못했다는 생각이 들어 마음 아팠어.

나는 아버지의 사망과 동시에 아이를 선물로 받음으로써 내 소망을 이루었어. 내가 직접 낳은 아이는 아니지만, 나는 손녀에게 특별히 애착이 갔어.

하지만 해결되지 않은 슬픔은 우리가 어디를 가든지 따라오지. 그리고 무슨 일이 있을 때마다 제일 첫 자리를 차지하고 새롭게 주목받기를 원해. 이별과 새로운 시작은 하나의 요람에 누운 쌍둥이와 같지.

남편과 나는 새로이 결산을 했어. 우리가 삶에서 불필요한 스트레스를 받는 원인이 무엇인가? 우리가 어떤 부분에서 본질적인 것을 놓치고 있는가? 남편은 오랫동안 충격에서 헤어나지 못했어. 밤마다 사고의 순간이 눈앞에 생생하게 재현되었지. 그보다 덜 부서진 차에서도 무사하지 못했던 사람이 많은데……. 이제 우리는 삶은 선물이라는 것을 시인해야 했어. 삶을 계획하는 것은 제한적으로만 가능하다는 것도…….

나는 아이들이 사는 곳 가까이로 이사가고 싶었어. 남편도 대찬성이었지. 딸은 무척이나 기뻐하며 집을 물색해주었어. 너무나 마음에 드는 집이었어. 1950년대에 지어진 집으로, 밖에서 볼 때는 낡았지만 안은 밝고 아늑했어. 남향에 나무 마루가 깔려 있었고, 발코니도 있고 지붕 테라스도 있었지. 무엇을 더 바라겠어? 더구나 남편은 걸어서 출퇴근이 가능했어. 이사한 후 우리는 마치 100년 동안 이곳에 산 사람처럼 아주 편안한 기분이었어. 어떤 사람을 만날 때도 이런 일을 겪곤 하지. 처음 만나 잠깐 이야기한 것뿐인데 마치 오래전부터 알고 지낸 듯 친숙한 사람들이 있잖아. 그런 사람들이 인생의 친구가 되지. 한나! 그들 중 하나가 바로 너란다!

한나, 우리는 친구들이 있고, 친구들과 한동안 함께해. 그 중 어떤 친구는 어느 순간 관계망 밖으로 떨어져 나가고, 대신에 다른 친구들이 들어오기도 하지. 다양한 사람들의 성공적인 혼합이 중요해. 어린 시절부터 알고 지낸 친구 하나는 나조차도 이미 오래전에 잊어버린 일들까지 기억하고 있지.

하지만 최근 나는 힘든 일을 겪기도 했어. 내가 갱년기라는 주제로 여자들에게 다가가고 있다는 것을 알자마자 겉으로는 아무렇지도 않은 척하면서 속으로 질투의 불꽃을 태우는 여자들이 생겼지. 내가 그들처럼 끊임없이 어려움에 허덕일 때만 나를 좋아하고 받아주는 여자들도 있었어. 상황이 아직 변하지 않은 여자들은 내가 그런 상황에서 벗어났다는 것에 거부 반응을 보였어. 이런 여자들은 나를 공격하면서 내가 이 일을 한 후부터 건방져졌다고 비난했어. 내가 보이는 자신감이 낯설어서 나를 싫어하는 여자들도 있었지. 그들은 내가 어렵게 이루어낸 위기의 극복을 세간에 자랑한다고 나를 허풍쟁이라고 불렀어. 나의 행동을 오만 또는 히스테리로 해석하는 사람도 있었지.

어쨌든, 나는 내면적으로 아주 다른 사람이 되었어. 그래 정말이야. 난 변했어. 한나, 나는 변한 모습으로 널 만났지. 나의 자신감은 더 이상 흔들리지 않고, 몇몇 사람들에게는 그게 정말로 혼란스러울지도 몰라. 우정은 변하지. 무엇보다 갱년기에는 말이야.

이제 난 널 놓아주려고 해. 넌 나의 기나긴 여정에 참여했어. 내 이야기 속에서 너와 네 부부 관계에 적용할 무엇을 발견했니? 필요하지 않은 말들은 그냥 잊어버려. 나의 성장 여행에 널 동반할 수 있어서 기뻤다.

사랑의 인사를 전하며 그만 마칠게.

중년의 위기를 맞은 로미오와 줄리엣

초판 1쇄 인쇄 2006년 6월 26일
초판 1쇄 발행 2006년 7월 5일

지은이 | 브리기테 히로니무스
옮긴이 | 유영미
펴낸이 | 한 순 이희섭
펴낸곳 | 나무생각
편집 | 정지현   **디자인** | 노은주 우호경
마케팅 | 나성원 김선호   **관리** | 손재형 김선영

출판등록 | 1998년 4월 14일 제13-529호
주소 | 서울특별시 마포구 서교동 475-39 1F
전화 | 334-3339, 3308, 3361   **팩스** | 334-3318
이메일 | tree3339@hanmail.net   namu@namubook.co.kr
홈페이지 | www.namubook.co.kr

ISBN 89-5937-115-7 03850

값은 뒤표지에 있습니다.
잘못된 책은 바꿔 드립니다.